NORDSEEKÜSTE
SCHLESWIG-HOLSTEIN

Reisen mit **Insider Tipps**

> Komme ich aus der Stadt, stelle das Auto ab und öffne die Wagentür, geschieht immer ein kleines Wunder: Irgendwelche Kräfte entschleunigen mich. Ist es die Weite, der Himmel, der Wind oder die Nähe des Wassers? Ich weiß es nicht. Es geschieht einfach.
> *MARCO POLO Autor*
> *Andreas Bormann*
> (siehe S. 126)

Spezielle News, Lesermeinungen und Angebote zur Nordseeküste:
www.marcopolo.de/nordseekueste-sh

NORDSEEKÜSTE SCHLESWIG-HOLST

› SYMBOLE

Insider Tipp MARCO POLO INSIDER-TIPPS
Von unserem Autor für Sie entdeckt

★ **MARCO POLO HIGHLIGHTS**
Alles, was Sie an Schleswig-Holsteins Nordseeküste kennen sollten

 SCHÖNE AUSSICHT

🌀 WLAN-HOTSPOT

▶▶ **HIER TRIFFT SICH DIE SZENE**

› PREISKATEGORIEN

HOTELS
€€€ über 80 Euro
€€ 60–80 Euro
€ bis 60 Euro
Die Preise gelten für zwei Personen im Doppelzimmer mit Frühstück in der Saison

RESTAURANTS
€€€ über 15 Euro
€€ 11–15 Euro
€ bis 11 Euro
Die Preise gelten für ein Hauptgericht ohne Getränke

› KARTEN

[116 A1] Seitenzahlen und Koordinaten für den Reiseatlas schleswig holsteinische Nordseeküste

[U A1] Koordinaten für die Karten zu Husum und St. Peter-Ording im hinteren Umschlag

Zu Ihrer Orientierung sind auch die Orte mit Koordinaten versehen, die nicht im Reiseatlas eingetragen sind

---

■ **DIE BESTEN MARCO POLO INSIDER-TIPPS**	**UMSCHLAG**
■ **DIE BESTEN MARCO POLO HIGHLIGHTS**	**4**
■ **AUFTAKT**	**6**
■ **SZENE**	**12**
■ **STICHWORTE**	**16**
■ **EVENTS, FESTE & MEHR**	**22**
■ **ESSEN & TRINKEN**	**24**
■ **EINKAUFEN**	**28**
■ **DER NORDEN**	**30**
■ **HUSUM UND HUSUMER BUCHT**	**42**
■ **EIDERSTEDT**	**54**
■ **DITHMARSCHEN**	**66**
■ **VOR DEM DEICH**	**82**

INHALT

> SZENE
S. 12–15: Trends, Entdeckungen, Hotspots! Was wann wo an der Nordseeküste los ist, verrät der MARCO POLO Szeneautor vor Ort

> 24 STUNDEN
S. 100/101: Action pur und einmalige Erlebnisse in 24 Stunden! MARCO POLO hat für Sie einen außergewöhnlichen Tag an der Nordseeküste zusammengestellt

> LOW BUDGET
Viel erleben für wenig Geld! Wo Sie zu kleinen Preisen etwas Besonderes genießen und tolle Schnäppchen machen können:

Niebüll: billig speisen im Bäcker-Bistro S. 39 | Husum: umsonst baden in der Bucht S. 46 | St. Peter-Ording: Fitness kostenlos S. 60 | Büsum: Bernstein selber schleifen S. 78 | Unbezahlbar: allein mit Watt, Wind und Wellen S. 86

> GUT ZU WISSEN
Was war wann? S. 10 | Spezialitäten S. 26 | Blogs & Podcasts S. 36 | Theodor Storm S. 50 | Seehunde S. 74 | Bücher & Filme S. 80 | Geh nie allein! S. 90 | www.marcopolo.de S. 110 | Was kostet wie viel? S. 111 | Wetter in St. Peter-Ording S. 112

AUF DEM TITEL
Trendsport Beachsoccer S. 15
Erkundung des Katinger Watts S. 93

- **AUSFLÜGE & TOUREN** **94**
- **24 STUNDEN AN DER NORDSEEKÜSTE** **100**
- **SPORT & AKTIVITÄTEN** **102**
- **MIT KINDERN REISEN** **106**

- **PRAKTISCHE HINWEISE** **110**

- **REISEATLAS SCHLESWIG-HOLSTEIN** **114**
- **KARTENLEGENDE REISEATLAS** **122**

- **REGISTER** **124**
- **IMPRESSUM** **125**
- **UNSER AUTOR** **126**

- **BLOSS NICHT!** **128**

ENTDECKEN SIE DIESE KÜSTE!

Unsere Top 15 führen Sie an die traumhaftesten Orte und zu den spannendsten Sehenswürdigkeiten

Die Highlights sind in der Karte auf dem hinteren Umschlag eingetragen

 Biikebrennen
Einheimische und ihre Gäste wärmen sich in kalter Nacht am 21. Februar meist in Küstennähe an den lodernden Feuern. Auch wärmende Getränke sind willkommen (Seite 22)

 Andresens Gasthof
Wer satt ist, fährt an Bargum vorbei; Hungrige bremsen; Gourmets haben einen Tisch bestellt. Hier heißt es: Wir machen mal Pause und gönnen uns was! (Seite 32)

 Charlottenhof
Kultur gibt es in Klanxbüll im Kuhstall. Lesungen prominenter Autoren, Musikveranstaltungen von Rock bis Chanson und Märkte je nach Saison (Seite 36)

 Nolde-Museum
Der Bau, die Bilder und die Blumen des Emil Hansen aus Nolde – in Seebüll zu sehen. Und verweilen: bis in die Nacht bei einem feinen Menü (Seite 38)

 Tønder
Schnell mal über die Grenze, in ein anderes Land. Kunst gucken, Kerzen kaufen und Kuchen essen im Königreich (Seite 40)

 Nordseemuseum Husum
Deichmuseum mit Spielplatz für kleine und große Deichbauer (Seite 45)

 Friedrichstadt
Grachten, Schiffe, Giebelhäuser wie in Holland. Nur Käse gibt es hier nicht (Seite 56)

> DIE BESTEN MARCO POLO HIGHLIGHTS

★ Westerhever Leuchtturm
Das Wahrzeichen der Küste wirbt für das Land und lockt Brautpaare (Seite 62)

★ Multimar Wattforum
Sehen. Fühlen. Tasten. In Tönning das Wattenmeer entdecken (Seite 63)

★ Roter Haubarg
Quadratisch, gewaltig, hoch: staunen und schlemmen unter dem Riesenreetdach in der Nähe von Witzwort (Seite 64)

★ Brunsbütteler Schleusen
Maßarbeit für dicke Dampfer, Spannung für die Zuschauer: Das Westende des Nord-Ostsee-Kanals ist das Nadelöhr zur Nordsee (Seite 68)

★ Kutterhafen
Krabben, Kutter, Kapitäne. Sie kommen und gehen mit dem Wasser – auch in Friedrichskoog (Seite 73)

★ Seehundstation Friedrichskoog
Zuflucht für die Waisenkinder des Wattenmeers. Erste Hilfe für Heuler (Seite 73)

★ Windenergiepark Westküste
Wind plus Mühle gleich Watt oder: Wie kommt der Wind in die Steckdose? Antwort gibt's im Kaiser-Wilhelm-Koog (Seite 74)

★ Wattführungen
Überall im Watt tobt das Leben. 10 000 Wesen auf einem Quadratmeter – und Sie mittendrin (Seite 91)

WAS FÜR EINE KÜSTE!

Hauke-Haien-Koog

AUFTAKT

> Ankommen an der Nordseeküste: Sie stehen auf dem Deich, der Wind zerrt an Ihrer Kleidung. Ebbe. Vor Ihnen endlose Weite. Das Watt glänzt, Sie riechen das Meer, schmecken Salz auf Ihren Lippen. Später die Flut. Die See brandet zahm, lädt zum Baden ein. Anders im Winter: Dann toben Wellen wild und gefährlich. Sie werden Zeuge von Sturm, Brandung und Möwenkreischen. Der Rest ist Stille an der Küste. Der Himmel ist selten blitzblank blau, dafür bietet er nahezu täglich ein betörendes Schauspiel aus Wolken und Licht. Ihre Reise an die Nordseeküste ist eine Wonne für die Sinne. Angekommen, werden Sie es spüren.

> Bei null ruht er, bis fünf schafft er es fast täglich, ab sechs wird er ungemütlich, über zehn gefährlich, erreicht er zwölf, meldet das Radio Unwetterwarnungen. Der Wind lässt die Bäume gen Osten wachsen, verpasst den Büschen eine Sturmfrisur. Meistens bläst er aus Westen; mal aus Nordwest, mal kommt er aus Südwest, der „Schietecke", denn von dort bringt er Wolken und Regen mit.

Stehen die Windräder still oder ein schlapper Ostwind treibt sie an – was selten passiert –, bleibt das Wetter zwar, wie es ist, aber bei ablandigen Brisen plätschert das Meer wie gelähmt vor sich hin, und die Menschen an der Küste fühlen sich „dösig" im Kopf. Ohne Wind ist die Welt an der Nordsee nicht in Ordnung. Er ist hier zu Hause; oft lässt er das Meer, wie die Seeleute sagen, kabbelig werden: Dann türmen sich Wellen auf, stürzen in sich zusammen, Kämme brechen, die Gischt schäumt, und die Wassermassen werden mit aller Macht gegen das Land gedrückt.

Schon immer hieß es für die Menschen im Westen Schleswig-Holsteins, Wind und Wasser zu widerstehen, den Naturgewalten zu trotzen. Ihre Devise und zugleich ihr Schicksal: „Wer nicht will deichen, muss weichen." Rund 300 km lang ist die Deichlinie; ein Erdwall, 8 m hoch, der die Küstenlandschaft in zwei Teile teilt. Binnen, auf der Landseite, zerschneiden Gräben und Sielzüge das Marschland. Ein ausgeklügeltes

> *Wind und Wasser bestimmen das Leben*

Kanalsystem, einst von den Niederländern ins Land gebracht, sorgt dafür, dass Mensch und Tier hier keine nassen Füße bekommen. Buten, auf der Seeseite des Deichs, müht sich der Mensch, das Meer zu zähmen. Seit Jahrhunderten rammen die Küstenbewohner Tausende Pfähle ins Watt, schütten Erdhaufen auf, ziehen

„Büsumer Krabben" kennt man überall – im Büsumer Hafen werden sie angelandet

AUFTAKT

Gräben, heute wird auch asphaltiert und betoniert – mit nur einem Ziel: der stürmischen See, dem „Blanken Hans", die Stirn zu bieten.

Ein Blick auf die Landkarten von einst zeigt, wie mächtig Sturm und Wellen sind, wie viel Land sich das Meer in den vergangenen Jahrhunderten geholt hat. So ist die heutige Nordseeküste mit den Inseln und Halligen ein Ergebnis vergangener Katastrophen. Und auch dieser Rest ist vor neuen Fluten nicht sicher. Nur dank des intensiven Küstenschutzes hatte das Meer in den letzten Jahrzehnten kaum eine Chance, sich noch mehr Land einzuverleiben. Die „Landschaft" vor dem Deich ist wahrlich schützenswert. So ist das Wattenmeer neben den Alpen das letzte flächendeckende Wildnisgebiet Europas. Hier leben 250 Tierarten, die in keinem anderen Gebiet der Erde vorkommen; auf den Salzwiesen entlang Küste rasten auf dem Zug im Frühjahr und Spätsommer mehr als 2 Mio. Wat- und Wasservögel.

300 000 Menschen leben an der Westküste Schleswig-Holsteins, südlich der Eider die Dithmarscher (136 000), nördlich die Nordfriesen (164 000). Was sie unterscheidet? Steht ein Nordfriese auf dem Deich, schaut er aufs Meer, mit Wehmut und Stolz. Waren seine Vorfahren doch Kapitäne, Steuerleute, Matrosen. Der Dithmarscher hingegen, so die gern erzählte Anekdote, kehrt der See den Rücken zu. Er blickt auf das grüne, fruchtbare Land. Mit stolzer Geste

> **Das Nordseewetter ist besser als sein Ruf**

wird er sagen: „All min!" Wind und Wasser haben das Denken und Handeln der Menschen nördlich wie südlich der Eider schon immer bestimmt. Flutkatastrophen raubten den Nordfriesen ihr fruchtbares Land; sie heuerten auf Walfängern an und fuhren zur See. Die Dithmarscher blieben zu Hause. Zwar wurden auch sie vom „Blanken Hans" nicht verschont, doch da das Marschland südlich der Eider höher liegt, konnten die Bauern sorgloser ihre Äcker bestellen und von den Erträgen Frau und Kinder ernähren.

Heute ist der gesamte Küstenstrich zwischen Elbmündung und deutsch-dänischer Grenze, wie es Politiker nennen, strukturschwaches Gebiet. Folglich gibt es für Finanzminister hier wenig zu holen. Und auch dem Arbeitsminister bereitet das platte

WAS WAR WANN?
Geschichtstabelle

700–900 Die ersten Friesen lassen sich in dem dünn besiedelten Land nieder. Sie kommen aus den Mündungsgebieten von Rhein, Weser und Ems

Um 1200 Sie bauen die ersten Deiche, um ihr Land zu sichern

1362 Große „Mandränke": 20 000 Menschen ertrinken. Die Flutkatastrophe zerstört Teile der Küste. Eiderstedt entsteht

1460 Der dänische König Christian I. wird zum Landesherrn von Schleswig und Holstein gewählt

1500 Schlacht von Hemmingstedt. Die Dithmarscher Bauern besiegen das viel größere Dänenheer

1634 Die Burchardiflut zerstört Alt-Nordstrand. Pellworm, Nordstrand und Nordstrandischmoor entstehen

1773 Schleswig-Holstein wird dänisch

1867 Schleswig-Holstein wird preußische Provinz. Auswanderungswelle nach Amerika

1895 Der Kaiser-Wilhelm-Kanal (Nord-Ostsee-Kanal) wird eröffnet

1920 Volksabstimmung in Schleswig über die Zugehörigkeit zu Dänemark. Nördlich von Flensburg entscheidet man sich für Dänemark, südlich davon für Deutschland

1946 Gründung des Landes Schleswig-Holstein

1985 Der Nationalpark „Schleswig-Holsteinisches Wattenmeer" wird eingerichtet

2008 Schleswig Holstein stellt den Antrag bei der Unesco: Das Wattenmeer soll Weltnaturerbe werden

Land Kopfschmerzen. Werden die Arbeitslosenzahlen bekannt gegeben, steht die Westküste regelmäßig an der Spitze. Attraktive Arbeitsplätze gibt es nur in den Städten. Die Folge: Die Jungen, die Erben von Hof und Acker, sehen hinter dem Deich keine Zukunft. Viele verlassen die Küste. Wer bleibt und allein von Raps, Weizen, Kohl, Schafen und Kühen nicht leben kann, der baut den Stall oder das Dachgeschoss aus, hängt ein Schild in den Vorgarten und hofft auf ein Zubrot. Bläst der Wind allzu oft aus der Schietecke, ist der Himmel blau, die Nordsee warm; kurzum, verspricht der Wetterbericht einen richtigen Sommer, dann geht die Rechnung auf, und die Gastgeber an der Nordsee können das Schild „Zimmer frei" umdrehen.

Dithmarscher wie Nordfriesen wissen: mit Welle, Wind und Watt allein können sie die Urlauber nicht glücklich machen. Zwar ist die Küste lang, doch Sandstrände sind knapp, und schließlich soll der Gast bei Tiefdruck nicht Trübsal blasen. So gibt es in den Küstenorten ein umfangreiches Angebot an Sport, Spiel und Spaß für die ganze Familie. Die Gastgeber setzen auf Entdecken und Erleben; zu Fuß, mit dem Rad oder an Bord eines Schiffes auf Tour gehen und die faszinierende Welt des Nationalparks Wattenmeer kennenlernen. Nahezu jeder Ort an der Küste hat sein Museum; doch da diesem Wort oft etwas Langweiliges anhaftet, spricht man lieber von Erlebniswelten: Mit multimedialen Inszenierungen wird der Besucher hier im besten Sinne unterhalten, und er er-

AUFTAKT

fährt alles über das Leben vor und hinter dem Deich.

„Es gibt kein schlechtes Wetter, nur die falsche Kleidung!" Diese, zugegeben, etwas kesse Gleichung soll Sonnensüchtige trösten, wenn beim Blick aus dem Fenster mal wieder „Schietwetter" aus der besagten Ecke aufzieht. Kein Trost? Nun, vielleicht vertreibt ja die Statistik die letzten Zweifel am Nordseewetter: Von Juni bis August gibt es schlechtestenfalls zehn Regentage im Monat. Die Sonne scheint sieben bis neun Stunden am Tag (!), und die Nordsee erwärmt sich auf erfrischende zwanzig Grad.

Den wahren Nordseefan schert die Wetterkarte ohnehin nicht. Er kommt im Herbst, Winter oder im Frühjahr, holt sich statt eines Sonnenbrandes eine kalte Nase, schwört auf das gesunde Reizklima und schwärmt von der Ruhe. Auch die Küstenbewohner sind nicht traurig, wenn die meisten Gäste weg sind, ihr Leben wieder beschaulich wird. Ihnen wird ja eh nachgesagt, sie seien wortkarg. Wahr ist, dass der Mensch hinter dem Deich gern auch mal schweigt, länger, als es so mancher Stadtbewohner aushalten mag. Wer viel fragt, bekommt hier nur kurze Antworten, ein kehliges „Jo" vielleicht oder ein lang gezogenes „Dooch". Mehr nicht. Und dies ist bitte nicht als Ablehnung zu verstehen. Im Gegenteil: Gemeinsam auf der Bank vor dem Haus oder am Deich sitzen, in die Weite schauen und schweigen – das ist Glück an der Nordseeküste.

Wyk: Nur 45 Minuten braucht die Fähre von der Küste zum hübschen Badeort auf der Insel Föhr

▶▶ WAS IST ANGESAGT

Trends, Entdeckungen und Hotspots! Unser Szene-Scout zeigt Ihnen, was an der Nordseeküste los ist

Arnd M. Schuppius

hat das Lebensgefühl seiner Heimat verinnerlicht. Als Reisebuchautor und Lektor ist er immer auf der Suche nach den Trends. So ist unser Szene-Scout mit von der Partie, wenn die Region zu ausgefallenen Veranstaltungen lädt, die Filmbranche ihre neuesten Werke präsentiert oder etwas für den Naturschutz getan werden muss.

▶▶ WATT'N DAS?

Verrückte Events

Friesenabitur, Wattolümpiade, Bettenrennen – diese Veranstaltungen klingen nicht nur crazy, sie sind es auch. Ganz Brunsbüttel fiebert jedes Jahr der *Wattolümpiade* im Juli entgegen. Beim Wattkrabbeln, Gummistiefelweitwurf oder dem Aal-Staffellauf steht der Spaß im Vordergrund. Herausragende Mannschaft der letzten Jahre: FC Wattikan (*www.wattoluempia.de*, Foto)! Um das *Friesenabitur* in Witzwort zu bestehen, muss man sich u. a. beim *Klootstockspringen* bewähren. Dazu

braucht's zunächst mal Mut und dann ne ganze Menge Schwung. Schließlich müssen die Teilnehmer mit einer Holzstange einen Wassergraben überwinden. Klar, dass dabei einige ein unfreiwilliges Bad nehmen (*Festplatz, Witzwort, www.husum-tourismus.de*). Die Landjugend Bargum organisiert jedes Jahr im Juli das *Bettenrennen*. Schon weit vorher wird mit den Vorbereitungen gestartet. Die Betten, die an den Start gehen, haben die Form von Fässern, Häusern oder Drachen (*www.laju-bargum.de*).

SZENE

▶▶ PRO NATUR

Einsatz für die Umwelt

Die Naturschützer der Region sind Menschen der Tat – sie packen mit eigenen Händen an. So gehört zu den Projekten des Bundes für Umwelt und Naturschutz u. a. die Pflege der Orchideenwiese im Naturschutzgebiet Wildes Moor bei Schwabstedt. Die Mitglieder des Vereins und Freiwillige mähen einmal im Jahr die Wiese und kümmern sich um den Abtransport des Grases *(Kreisgruppe Nordfriesland: Peter-Schmidts-Weg 5, Risum-Lindholm, www.vor ort.bund.net/nordfriesland)*. In Mildstedt und Husum wurden im Rahmen des Projekts *Zukunftswald 2000* Obstbäume gepflanzt. Über deren ökologische Bedeutung kann man sich am Infostand informieren und sich Ideen für den eigenen Garten holen *(Ortsgruppe Husum: Am Sand 2, Uelvesbüll)*. Die *Schutzstation Wattenmeer* sorgt für den Erhalt des Lebensraums Salzwiese. Unter anderem wird der Salzwiesenlehrpfad Süderhafen von ihnen betreut *(Herrendeich 40, Nordstrand, www.schutzstation-wattenmeer.de, Foto)*.

▶▶ SO ROCKT DER NORDEN

Livemusik

Die neuen Rockbands überzeugen vor allem durch ihre Liveauftritte. Shootingstars sind *The Loonatics* *(www.myspace.com/theloo naticsrock, Foto)*. Hinter der Band verbergen sich Albert Kowalewski, Max Andresen, Alexander Hemstedt und Björg Hansen, die sich auf Funk-Rock und Crossover-Musik spezialisiert haben. Hören kann man die Senkrechtstarter u. a. im *Leck Huus*. In dem unter Denkmalschutz stehenden Bauernhof werden regelmäßig Livekonzerte veranstaltet *(Allee 32, Leck, www.leck-huus.de)*. Eine weitere Plattform für Nachwuchsrockstars ist das Benefizfestival *Wattstock (Am Freizeitbad, Brunsbüttel, www.wattstock.de)*. Die *Rockinitiative Nordfriesland e. V. (Norderstr. 38, Bredstedt, www.rockinf.de)* fördert junge Talente und organisiert Auftritte und Events.

▶▶ TRAUMHOCHZEIT

Der außergewöhnlichste Tag des Lebens

Die Brautleute der Region trauen sich was – sie kehren dem Standesamt den Rücken und sagen Ja zu außergewöhnlichen Hochzeitslocations. Die *Engel-Mühle* auf Nordstrand lockt Romantiker mit einem urigen Hochzeitszimmer (Süderhafen 15, www.engel-muehle.de). Heiraten auf dem Bauernhof: der *Rote Haubarg* macht's möglich. Wenn die Partnerwahl geklärt ist, muss man sich nur noch zwischen *Vierkant-Museum* und *Hochstube* entscheiden (Sand 5, Witzwort, www.roterhaubarg.de, Foto). Außergewöhnlich: eine Schiffstrauung vor der größten Seehundbank Europas (Nordermitteldeich 4, Pellworm, www.inselhochzeit-pellworm.de).

▶▶ SEEBRISE

Alles Gute aus dem Meer

Wer hätte gedacht, dass Algen, Schlick und Sand gut für die Haut sind? Die Spas der Region erkennen den Trend und machen sich die Wirkstoffe aus dem Meer zunutze. Im *Watt'n Spa* wird beim Schlick-Peeling das Immunsystem gestärkt (Lundenbergsand Hotel & Spa, Lundenbergweg 3, Simonsberg, www.hotel-lundenbergsand.de). Das *Vitamaris Büsum* bietet eine Sandbankbehandlung an. Dabei liegt man gut zugedeckt auf einer 36,6 Grad warmen Softpackliege. Während tiefe Entspannung eintritt, regeneriert sich die Haut (Südstrand 5, www.vitamaris-buesum.de). Im Spa des *Hotels Vier Jahreszeiten* in St. Peter-Ording entschlackt man beim Algenbad (Friedrich-Hebbel-Str. 2, www.hotelvierjahreszeiten.de, Foto).

▶▶ FILMFLIMMERN

Kreativität wird belohnt

Die Filmfestivals an der Nordseeküste bestechen durch eine enorme Bandbreite. Ob Spielfilm oder Dokumentation – alle Genres sind vertreten. Junge Filmemacher bekommen bei den *Meldorfer Open Air Kino-Tagen* (Südermarkt, www.meldorfer-open-air-kino.de) die Chance, ihre Werke zu präsentieren. Das Norddeutsche Kurzfilmfestival *Kunstgriff Rolle* setzt jedes Jahr beim Kulturprojekt *Kunstgriff* den Schlusspunkt (Rosenstr. 15, Heide, www.kunstgriff.de). Auf dem *European Minority Filmfestival* zeigen Friesen, Waliser, Katalanen oder Schotten ihre Filme in der eigenen Sprache (Neustadt 114, Husum, www.minority-film.net); natürlich mit deutschen oder englischen Untertiteln.

►► SZENE

►► EINFACH ANDERS

Restaurants mit Weitblick

Die Küchenchefs haben es satt – Grünkohl und Matjes waren gestern, heute regiert die Kreativität. Die Meister am Herd zaubern so ausgefallene Dinge wie den heißen Kohl-Smoothie. Die Spezialität frisch aus dem Garten gibt es im *Stadtcafe* der Familie Kremer in Marne *(Königsstr. 8–10, www.stadtcafe-kremer-marne.de, Foto)*. In *Jan's Restaurant & Café* werden Rote Bete püriert, Pfirsiche gebraten und Pommes gratiniert. Wer das liest, ahnt es schon: Die Leckereien landen natürlich nicht als Otto-Normal-Gericht auf den Tellern, sondern als kleine Kunstwerke *(Böhler Landstr. 153, St. Peter-Ording, www.jans-restaurant.com)*. Ausgefallene Kombis serviert man im Restaurant *Zum Steuerrad* auf Amrum. Wie wäre es z. B. mit Nordseekrabben zum Rumpsteak *(Inselstr. 4, Wittdün, www.zum-steuerrad.de)*?

►► BEACHSOCCER

Vamos a la playa

An der Nordseeküste ersetzt man das Fußballfeld durch Sand und kickt am Strand. Neben Hobbyspielern zieht es nun auch immer mehr Profis in die Region. Beim *Balltick Beachsoccer Cup* in Büsum werden während der Sommermonate über zehn Turniere ausgetragen, bei denen mehr als 100 Teams antreten. Danach gibt's natürlich die verdiente Strandparty. *(Sandstrand Erlengrund, www.balltick.de, Foto)*. Hobbyspieler treten beim Beachsoccer-Turnier in St. Peter-Ording im Juli gegeneinander an. Organisator ist die *Tourismus-Zentrale St. Peter-Ording (Maleens Knoll 2)*. Amateure üben während des Sommers am *Funbeach (www.funbeach-westerland.de)* am Brandenburger Strand auf Sylt. Hier gibt es zwei Beachsoccerfelder.

> VON GEZEITEN UND ÜBER DEN WIND

Interessantes über das Leben und die Natur hinter und vor den Deichen

DEICHE

Friesen aus dem Gebiet der Rheinmündung brachten die Fertigkeit des Deichbaus um das Jahr 1000 ins Land. 2–3 m hoch waren die ersten Erdwälle, die das Wasser zurückhalten sollten. Natürlich reichte diese Deichhöhe nicht aus, das Land vor Sturmfluten im Herbst und Winter zu schützen. Diese sogenannten Überlaufdeiche oder auch Sommerdeiche dienten dazu, Weiden und Felder zumindest im Sommer trocken zu halten. Einst war der Deichbau Knochenarbeit. Die ersten Deiche wurden von Hand, mit Schaufeln und Schubkarren aus Klei, also Marschboden aufgeschüttet. Der Deich des 20. Jhs. ist bis zu 8 m hoch, hat einen Sandkern mit einer Kleidecke. Der Vorteil: Die Deichbauer benötigen weniger kostbaren Marschboden und können sich den reichlich vorhande-

> www.marcopolo.de/nordseekueste-sh

STICH WORTE

nen Sand aus dem Meer holen. Um das Grün kümmern sich vierbeinige Helfer: Schafe ziehen über die Deiche, halten das Gras kurz und verdichten den Boden, sodass Maulwürfe und Mäuse kaum eine Chance haben, im Deich herumzuwühlen.

GEZEITEN

Unter Gezeit oder Tide werden Wasserstandsänderungen des Meeres verstanden. Der täglich zweimalige Höchststand wird als Hochwasser, der Niedrigstand als Niedrigwasser bezeichnet. Wobei der Begriff Hochwasser nichts mit Über-die-Ufer-Treten zu tun hat. An der Küste spricht man dann von Sturmfluten. Hochwasser hingegen ist an der Nordsee alltäglich. Ursache für die Gezeiten sind die Anziehungs- und Fliehkräfte von Erde, Mond und Sonne.

Einerseits baut der Mond mit seiner Anziehungskraft auf der ihm zugewandten Erdhälfte Wassermassen auf, einen sogenannten „Flutberg"; andererseits entstehen durch die Drehung der Planeten Fliehkräfte, sodass sich auf der anderen Erdhälfte ebenfalls ein Flutberg bildet. Da diese Kräfte Wassermassen binden, schaffen sie zugleich „Ebbtäler". Nun dreht sich die Erde alle 24 Stunden einmal um ihre eigene Achse, was bedeutet, sie dreht sich unter den Flutbergen und Ebbtälern hindurch. Folglich hat jeder Punkt der Erde zweimal einen Flutberg und ein Ebbtal. Eine Tide, bestehend aus Ebbe und Flut, dauert an der Nordsee 12 Stunden, 25 Minuten. Zirka sechs Stunden steigt das Wasser an, sechs Stunden fällt der Wasserspiegel. Die Differenz zwischen diesen beiden Wasserständen wird Tidenhub genannt; er liegt an der Nordsee zwischen 2 und 4 m.

Stehen Erde, Mond und Sonne in einer Linie, addieren sich die Anziehungskräfte, Ebbe und Flut sind dann besonders stark (Springtide); stehen Sonne und Mond im rechten Winkel zur Erde, sind die Gezeiten besonders schwach (Nipptide).

KOOG

Eingedeichtes Marschland nennt man Koog. Ein solcher entsteht in drei Schritten: Erst wird das Land gewonnen (siehe Lahnungen) und als sogenanntes Vorland gepflegt. Hat dieses die „Deichreife" erreicht, kann es eingedeicht, bewirtschaftet und schließlich besiedelt werden. Deichreif ist ein Vorland, wenn es eine bestimmte Höhenlage erreicht hat und der Boden landwirtschaftlichen Anforderungen genügt, wenn dort also bestimmte Pflanzen, zum Beispiel Weißklee, wachsen können. Die Zeiten der Eindeichung zur Gewinnung von neuem Ackerland sind lange vorbei. Neue Deiche und Köge dienen heute ausschließlich dem Küstenschutz.

LAHNUNGEN

Sie teilen das Vorland, die Wiesen und das Watt vor dem Deich in Landgewinnungsfelder. Diese Pfahlzäune beruhigen das aufgelaufene Wasser, dämpfen die Wellenbewegung; zwischen den Lahnungen bilden sich sogenannte Stillwasserzonen. Hier setzen sich die von der Flut angespülten Sedimente ab. Diese sogenannte Aufschlickung ist der erste Schritt der Landgewinnung. Bei wind- und strömungsgünstiger Wattlage fallen bis zu 30 cm Schlick im Jahr an; in ungünstigen Küstenabschnitten können es auch nur 2 cm sein.

Lahnungen müssen schwere Sturmfluten und auch den Eisschub im Winter überstehen. Deshalb werden die Pfähle mit Motorhilfe in Doppelreihen tief in den schweren Schlickboden gerammt. Der Zwischenraum wird mit Heidekraut und Buschwerk gestopft. Um die Reihen zusätzlich zu stabilisieren, werden die Pfähle kreuzweise mit verzinktem Draht fest verspannt.

MOIN

Glauben Sie bloß nicht, die Küstenmenschen würden sich von Sonnen-

> www.marcopolo.de/nordseekueste-sh

STICHWORTE

auf- bis Sonnenuntergang einen guten Morgen wünschen. Der Ruf *Moin* meint nicht Morgen. *Moi* heißt auf Plattdeutsch: gut, schön. Entsprechend bedeutet *Moin:* einen guten. Wird Ihnen ein freundliches *Moin* zugerufen, grüßen Sie mit einem einfachen *Moin* zurück, niemals mit einem *Moin, Moin!,* das ist für die Nordfriesen Touristenplatt. Zur Aussprache: In *Moin* gibt es kein J. Also nicht *Meujen.* Richtig ist ein kurzes *Meun,* ähnlich wie neun. Verabschieden Sie sich, sagen Sie einfach *Tschüs!*

REET

Das auch Ried genannte Schilfrohr wird in Bündeln im Winter geerntet. Dann sind die Blätter welk, und die saftlosen Halme lassen sich gut schneiden. Da der heimische Reetbestand lange nicht mehr genügt, werden die Halme aus Rumänien und Ungarn importiert. Frisch gedeckt hat die Strohhaube eines Hauses eine Stärke von 40 cm. Das Reetdach hat an der stürmischen Küste den Vorteil, dass es dem Wind nachgibt; manch starke Böe, die ein Pfannendach abdecken würde, kann der dicken, aber weichen Halmhaube nichts anhaben. Und das Stroh isoliert: Im Winter hält es die wohlige Wärme, im Sommer sorgt es unter dem Dach für kühle Räume. Kommt ein Reetdach in die Jahre, haben Wind und Wetter an den Halmen gezerrt, wird die Strohlage dünner. So hat ein Reetdach eine Lebensdauer auf der Wetterseite von dreißig bis fünfzig Jahren, auf der geschützten Seite kann es bis zu hundert Jahre alt werden.

Küstenschutz: Bruchsteinbänke dienen der Landgewinnung und schützen so die Salzwiesen

Einziger Nachteil eines Strohdachs und für die Besitzer zugleich ein Albtraum: Reet ist leicht entzündbar. Brennt das Dach, führt solch eine Katastrophe meist zum Totalschaden. So sind die Versicherungsprämien im Vergleich zum sogenannten Hartdach dreimal so hoch.

Gespräch, auf Plattdeutsch: Klönschnack

REIZKLIMA

Jeder Nordseeurlauber schwärmt davon: Es ist ja so gesund! Doch was reizt am Reizklima? Bereits die alten Römer wussten: „Neptunus omnia sanat – das Meer heilt alles." Für den Badearzt der Neuzeit sind es drei Dinge, die den Menschen an der Küste „reizen": der Wind, die Luft und das Wasser, wobei der Wind dies am intensivsten tun kann. Sein Zerren und Drängen gleicht einer Massage und hat direkten Einfluss auf die Nervenzellen und Blutgefäße in der Haut. Zudem ist er staub- und allergenfrei und mit feinen Mineralsalzen durchsetzt. Besonders reizvoll sind Spaziergänge nah der Wasserlinie. Dort ist die Luft feucht, und sie belebt dank ihres hohen Jodgehalts alle Drüsen mit hormoneller Funktion. Am Strand und bei Ebbe auf den Watten atmen Sie zehnmal mehr Jod ein als im Binnenland. Dritter im Bunde des Reizklimas ist das Wasser. Ein Bad im Meer belebt, nicht nur, weil das Wasser kalt ist, auch Wellen, Salz und Gasbläschen im Schaum der Gischt massieren den Körper, röten die Haut.

Und noch etwas regt das Nordseeklima an: Ihren Appetit. Die Seeluft erhöht den Stoffwechsel; Ihr Körper verbrennt mehr Kalorien. Die Folge: Sie haben Hunger. Ob Sie sich diesem Reiz hemmungslos hingeben, das müssen Sie selber entscheiden.

SPRACHE

Was Sie auf dem Markt oder beim Bäcker nicht verstehen, ist oft ein Gemisch aus vielen Sprachen. Dazu muss man wissen, dass im Land Schleswig-Holstein fünf Sprachen gesprochen werden: die zwei Standardsprachen Hochdeutsch und Reichsdänisch und die drei Volkssprachen Niederdeutsch (Plattdeutsch, kurz: Platt), Friesisch und Jütisch. Dabei ist die Nordseeküstenregion, besonders die Wiedingharde im Norden Nordfrieslands, das Babylon des Landes. Hier reicht das Sprachengewirr bis in die Familien. Die Großeltern sprechen Friesisch oder Jütisch, unterhalten sich mit ihren Kindern auf Niederdeutsch. Diese wiederum sprechen mit ihren Kindern, den Enkeln, Hochdeutsch.

STICHWORTE

Man schätzt, dass etwa 8000 Friesen die Sprache ihrer Vorfahren beherrschen. Was nicht heißt, dass ein Inselfriese einen Festlandfriesen versteht, denn im Friesischen gibt es wiederum zig Dialekte. Sind die Einheimischen unter sich, sprechen sie ihre Sprache. Das ist Teil ihrer Identität. Wollen die Enkel den Großvater verstehen, können sie in der Schule freiwillig Friesisch lernen.

WINDKRAFT

Schleswig-Holstein ist Weltmeister in Sachen Windenergie. 2565 Windräder drehen sich zwischen Nord- und Ostsee. Nach der Ölkrise Anfang der 70er-Jahre experimentierten Israel, Dänemark, die USA und Deutschland mit dem Wind als Stromerzeuger. In Schleswig-Holstein ging die erste Großwindanlage, kurz GROWIAN, 1983 ans Netz, das riesige Windrad wurde jedoch ein Flop. Den Erfolg brachten viele kleine Räder: So wurde 1987 im Kaiser-Wilhelm-Koog der erste Windpark mit 32 Windanlagen in Betrieb genommen. Bund und Länder subventionieren den Bau, und die Bauern wittern ein gutes Geschäft. Der Wildwuchs der „Energiespargel" führte zu einer heftigen Debatte im Land: Befürworter berufen sich auf den Umweltschutz; die Gegner fürchten um die Schönheit der Landschaft. Inzwischen dürfen nur noch in ausgewiesenen Gebieten Räder aufgestellt werden. Da es im Land zwischen den Meeren zu eng wird, heißt die Zukunft Offshore-Windkraftanlagen draußen in der Nordsee. Das ehrgeizige Ziel der Landesregierung, die Hälfte des Stroms in Schleswig-Holstein mittels Windenergie zu erzeugen, rückt näher. 2007 waren es bereits 36 Prozent.

> DAS KLIMA IM BLICK
Handeln statt reden — atmosfair

Reisen bereichert und verbindet Menschen und Kulturen. Jedoch: Wer reist, erzeugt auch CO_2. Dabei trägt der Flugverkehr mit bis zu 10 % zur globalen Erwärmung bei. Wer das Klima schützen will, sollte sich somit nach Möglichkeit für die schonendere Reiseform (wie z.B. die Bahn) entscheiden. Wenn keine Alternative zum Fliegen besteht, so kann man mit *atmosfair* handeln und klimafördernde Projekte unterstützen.

atmosfair ist eine gemeinnützige Klimaschutzorganisation.

Die Idee: Flugpassagiere spenden einen kilometerabhängigen Beitrag für die von ihnen verursachten Emissionen und finanzieren damit Projekte in Entwicklungsländern, die dort helfen den Ausstoß von Klimagasen zu verringern. Dazu berechnet man mit dem Emissionsrechner auf *www.atmosfair.de* wie viel CO_2 der Flug produziert und was es kostet, eine vergleichbare Menge Klimagase einzusparen (z.B. Berlin–London–Berlin: ca. 13 Euro). *atmosfair* garantiert, unter der Schirmherrschaft von Klaus Töpfer, die sorgfältige Verwendung Ihres Beitrags. Auch der MairDumont Verlag fliegt mit *atmosfair*.

Unterstützen auch Sie den Klimaschutz: *www.atmosfair.de*

KOHL, KRABBEN UND KROKUS
Die Natur schreibt den Festkalender, und Anlässe zum Feiern gibt es viele

> Biikebrennen, Ringreiten, Feuerwehr- und Schützenfeste, das sind die traditionellen Feste der Küstenbewohner. Natürlich sind Gäste willkommen, dennoch: Hier feiern die Einheimischen. Für Feriengäste gibt es zudem in der Saison zahlreiche Vergnügungen. Näheres erfahren Sie in den Touristbüros oder den Lokalzeitungen, die auch über die genauen Termine diverser Veranstaltungen, deren Datum von Jahr zu Jahr schwankt, informieren.

FESTE UND VERANSTALTUNGEN

21. Februar
★ *Biikebrennen:* Dieser Tag ist der „Nationalfeiertag" der Friesen. Dann werden auf den Inseln und an der Küste die Biiken, Haufen aus Stroh, Holz und Ästen, angezündet, Einheimische und Gäste wärmen sich am Feuer, auch mit hochprozentigen Getränken. Wurden früher so die Walfänger verabschiedet, sagt man heute dem Winter ade.

März
★ *Krokusblütenfest:* Blühen im Schlosspark Millionen Krokusse, wählen die Husumer ihre – möglichst fotogene – Krokuskönigin.

März/April
Ostermärkte und Osterfeste: Für Kinder heißt es dann Eier werfen und Eier rollen – um die Wette über Deich und Wiesen. Veranstaltet werden die Osterfeiern von den Kirchengemeinden.

Mai
Ringreitertage: Volksfeste wie einst die Ritterturniere. Die Reiter müssen im Galopp mit einer Lanze bewaffnet einen Ring abstechen, der vom Galgen hängt. Der kleinste Ring hat einen Durchmesser von nur 12 mm. Wer sich traut, darf es probieren: Überall im Land werden in diesem Monat die besten Reiter gekürt.

Inside Tip

Juni
Nordfriesische Lammtage: den Schäfern und Schafscherern über die Schulter

Aktuelle Events weltweit auf www.marcopolo.de/events

> EVENTS
FESTE & MEHR

schauen, Lämmer streicheln, Lammspezialitäten probieren und die Lammkönigin küren. Veranstaltungsorte unter *www.lammtage.de* oder Info-Telefon *01805/06 60 66.*

Juli
Heider Marktfrieden: historisches Schauspiel auf dem Heider Marktplatz, das an die Erteilung des Marktrechts (15. Jh.) und den friedlichen Handel erinnern soll. Alle zwei Jahre – in den geraden Jahren – treiben es die Heider wie vor 500 Jahren: verkleiden sich, essen und trinken wie ihre Vorfahren. Ein Brautpaar gibt sich in historischen Kostümen das Jawort.
Schleswig-Holstein Musikfestival: Bis Ende August Klassik und Jazz in Scheunen und Ställen. Frühzeitig Karten in den Tourist-Informationen reservieren!
Kutterregatta in Friedrichskoog: traditionelle Korsofahrt der Kutter, Fischmarkt, Hafengottesdienst, Wahl der Krabbenkönigin.

August
Der Monat der *Hafenfeste*. Bier, Brötchen, Buntes in Büsum und Husum.

September
Dithmarscher Kohltage: Beginn der Kohlernte. Kohlball mit Wahl der „Kohl-Regentinnen". Spezielle Angebote gibt es in Gaststätten und Restaurants. *Info-Telefon: 0481/97 14 07, www.kohltage-dithmarschen.de*
Weberfest in Meldorf: Treffen vieler Weber aus Deutschland und Skandinavien. Flohmarkt, Festzelt, Handwerkermeile.

Oktober
Krabbentage in Husum und Friedrichskoog: Krabben pulen und/oder Krabben satt essen. Buntes Programm auch an Bord der Krabbenkutter.

November/Dezember
Weihnachtsmärkte mit Kunsthandwerk in allen Orten an der Küste. Einen der schönsten gibt es jeden Adventssamstag im dänischen Tønder (Tondern).

> VON WEGEN – EIN LAMM IST EIN LAMM

Die Westküste hat ihre eigenen, ganz besonderen Gerichte und Getränke

> Die einen locken mit friesischen Farben, maritimem Dekor, die anderen haben den Charme einer Bahnhofsgaststätte: die Fassade zugepflastert mit Brauereileuchtwerbung, die Fenster verhängt mit Gilbgardine. Doch lassen Sie sich nicht abschrecken. Ob schick oder schäbig, das sagt nichts über den Koch und seine Künste. Manch einer, der sich hineinwagte, schwärmt noch heute von dem Heringstopf mit Bratkartoffeln und den Typen am Tresen.

Bild: Schollenfilet mit Krabben und Muscheln

Fisch – na klar! Aal, Scholle, Makrele werden fangfrisch serviert. Auf dem Teller ist die Scholle Spitzenreiter; zwischen zwei Brötchenhälften geklemmt, liegen Rollmops, Bismarck- oder Brathering vorne, dicht gefolgt von Krabben und Lachs. Achten Sie bei der Wahl der Fischbude auf das Schild „Warme Fischbrötchen". Hier werden die Brötchenhälften leicht angeröstet. Köstlich!

ESSEN & TRINKEN

Scholle gibt es in zig Variationen auf der Speisekarte. Wer Gräten fürchtet, die Haut nicht mag und den Plattfisch auf dem Teller nicht zu bändigen weiß, der bestellt Filets, gebacken in dünner Panade.

Beliebte Vorspeise ist die Krabbensuppe. Serviert wird sie in einer Suppentasse – heiß muss sie sein, gekrönt mit einer Sahnehaube. Sättigender ist das „Halligbrot". Auf einer Scheibe Schwarzbrot, dünn mit Butter bestrichen, werden Rührei und Krabben angehäuft. Ist die Brotscheibe unter einer guten Portion nicht zu sehen, hat es der Koch gut mit Ihnen gemeint.

Eine Ente ist eine Ente; und ein Lamm ist ein Lamm. Von wegen! An der Nordseeküste werden Enten als „Koogenten" angepriesen; hier ist ein Lamm ein „Deichlamm" oder gar ein „Salzwiesenlamm". Wenn das Schaf zu Lebzeiten tatsächlich das

Gras auf dem Deich kurz gehalten hat, dann handelt es sich wahrlich um eine Delikatesse. Für Feinschmecker beginnt die Lammzeit Ende Mai, Anfang Juni. Dann sind die Tiere ein halbes Jahr alt, haben sich auf Deich und Wiesen schlachtreif gefuttert. Das Fleisch ist zart, fettarm und somit leicht bekömmlich. Wer an dieser Stelle die Nase rümpft, dem sei versichert: Lammfleisch stinkt nicht nach Hammel! Was die Zubereitung angeht, erwarten Sie nicht die Raffinesse provençalischer Küche à la Thymian und Rosmarin. Auch mit Knoblauch haben viele Köche an der

> SPEZIALITÄTEN
Genießen Sie die typisch nordfriesische Küche!

Friesentorte – zwischen zwei Blätterteiglagen Sahne und Pflaumenmus

Köm – Destillat aus Kümmelsamen und anderen Kräutern

Labskaus – zu einem Eintopf zusammengekochtes Pökelfleisch, Kartoffeln, Zwiebeln und Rote Bete. Dazu gibt es Hering und ein Spiegelei

Matjes – junge Heringe, eingelegt in milder Salzlake

Mehlbüdel – ein Kloß aus Mehl, Eiern, Hefe und Milch wird in einem Leinenbeutel (Büdel) gegart und dann süß mit

Fruchtsoße, Zimt und Zucker oder würzig mit Schweinebacke und Senf gegessen

Muck – bei Zeltfesten, Feuerwehrbällen etc. trinkt man Muck. Eine „harte" Mischung aus Limonade und Weinbrand oder Cola und Korn

Pharisäer – starker Kaffee mit Rum, Zucker und Sahnehaube

Pinkel – geräucherte Wurst aus Speck, Zwiebeln und Hafergrütze. Serviert vorzugsweise zu Grünkohl (Foto)

Porren in Suur – Krabben in Weingelee mit Zwiebeln, Lorbeerblatt und Pfefferkörnern

Porrenpann – Krabben (plattdeutsch: Porren) mit Frühkartoffeln und Petersiliensoße

Punsch – schwarzer Tee (2/3) mit Geele Köm (1/3) und Zucker

Scholle „Büsumer Art" – gefüllt mit Krabben

Scholle „Finkenwerder Art" – gebraten mit Speck

Suure Rull – Pansenrolle, gefüllt mit Schweinefleischstücken, sauer gekocht, anschließend in Scheiben geschnitten und kross gebraten. Dazu gibt es Steckrüben

Tote Tante – heißer Kakao mit Rum und Sahnehaube

Wiensupp mit Schink – eine Weinsuppe wird mit Graupen, Korinthen, Rosinen, Zucker, Eiern gekocht. Dazu isst man frisches Weißbrot mit gekochtem Schinken

ESSEN & TRINKEN

Überall gibt es lauschige Gaststätten – wie diese in St. Peter-Dorf

deutschen Küste noch nicht Freundschaft geschlossen. Dennoch: Entdecken Sie Lamm auf der Karte, lassen Sie es sich nicht entgehen. Und seien Sie nicht misstrauisch: Die Küstenköche werden es kaum wagen, Ihnen Lamm aus Neuseeland zu servieren.

Dithmarschen hat das größte Kohlkopfaufkommen Europas. Jährlich ernten die Dithmarscher für jeden Bundesbürger mindestens einen Kohl. So ist es kein Wunder, dass an der Küste das einstige Armeleutegemüse im Topf Karriere macht. Als Auflauf, Eintopf, Roulade, Salat; allerlei raffinierte Rezepte füllen Kochbücher und Speisekarten. Die Saison der Weiß-, Rot-, Spitz-, Rosen- und Blumenkohlköpfe beginnt im Herbst; nach dem ersten Frost kommt Grünkohl auf den Teller. Dazu eine geräucherte Wurst namens Pinkel, Schweinebacke und kleine karamellisierte, süße Kartoffeln.

Ein solch deftiges, nicht gerade fettarmes Mahl verdaut sich nicht so leicht. Lassen Sie sich von einem eisigen Aquavit helfen. Gut tut solch ein klarer Helfer auch nach einem Eintopf. Ob „dicke" Töpfe mit Fisch, Fleisch und Hülsenfrüchten oder „dünne", klare Suppen mit Grießklößchen und Frühlingsgemüse – im Kreieren von Köstlichkeiten in nur einem Topf sind die Küstenköche wahre Meister. Speck mit süßen Kartoffeln, Fisch mit gedörrtem Obst, Gänsekeule süßsauer – die Vorstellung solcher Mixturen mag manchen Gaumen verschrecken, aber nach dem ersten Löffel … Die beste Zeit für den Star unter den Eintöpfen – Bohnen, Birnen und Speck – ist der Spätsommer; dann sind die kleinen Kochbirnen reif, die Bohnen zart, und vom Schinken gibt es den Speck.

Rote Grütze ist schon lange kein norddeutsches Geheimnis mehr. Wenn Sie Glück haben, sind die roten Beeren tatsächlich hausgemacht: mit Apfelsinensaft, Zimt und Zucker zur Grütze eingekocht. Serviert wird die rote Köstlichkeit mit Milch oder flüssiger Sahne.

Hochprozentiges wird an der Küste gern „heimlich" getrunken. So werden in so manchen Kaffeetassen und Kakaobechern wärmende Geister versteckt. Lässt der „Punsch" noch ahnen, dass hier nicht nur der Tee belebt, denkt man bei „Pharisäern" und „Toten Tanten" an nichts Böses. Doch Vorsicht! Was sich unter Sahnehauben verbirgt, hat es in sich.

FELL, FLEISCH UND FISCHERHEMD
Küstenkitsch, Souvenirs, Leckeres, Flüchtiges und ein paar Ideen für die Ewigkeit

> Im Urlaub lässt man sich ja gern verführen; gönnt sich dies und das, was es zu Hause nicht gibt. Ein Souvenir, das an den Urlaub erinnern soll, ein Mitbringsel für die Daheimgebliebenen oder Leckeres, was zu Hause Erinnerungen an die Tage an der Küste weckt.

DÄNISCHES
Im Königreich gibt es Design, Kerzen, Möbel, Tabak und viele Sorten süßen Kuchen. Die Möbelhäuser in Tønder haben in den Sommermonaten auch samstags und sonntags geöffnet und liefern Bett, Schrank und Sofa meist kostenlos auch nach Deutschland. Für Küche und Wohnzimmer gibt es zudem schickes dänisches Design und all den Schnickschnack, den man zwar nicht braucht, aber schön findet. Wer Geld ausgeben möchte, der findet edle Leuchter und Gläser skandinavischer Glasbläsereien, Porzellan der dänischen Porzellanmanufaktur „Royal Copenhagen" oder Silber des dänischen Silberschmieds Georg Jensen.

KÖSTLICHKEITEN
Lammmettwurst, Lammschinken oder geräucherte Keule sowie Schafs- oder Ziegenkäse, gekauft am letzten Urlaubstag, gehören in die Kühltasche. Haltbarer sind ein Glas rote Grütze oder eine Packung Tee. Doch Vorsicht: Es gibt obskure Mischungen, deren fantasievolle Verpackungen mehr versprechen, als sie im heißen Wasser hergeben. Wem das egal ist, der kann den Tee mit einem Schuss hochprozentigem Köm veredeln. Nachteil all dieser Köstlichkeiten: Sie sind vergänglich und schmecken zu Hause doch irgendwie anders.

KÜSTENKITSCH
Anker für die Hausschlüssel, Flaschenöffner mit handschmeichelnder Badenixe, getrocknete Seesterne, Schneckenhäuser, die es in der Nordsee nicht gibt, die dafür aber am Ohr rauschen; Pharisäertassen mit Inhaltsangabe oder die XXL-Ausführung eines Leuchtturms für den Vorgarten: Wer Küstenkitsch liebt, kommt ganz auf seine Kosten. Und für

> EINKAUFEN

die Kinder gibt es Seehunde, Lämmer, Plüschflundern & Co. zum Kuscheln.

KUNSTHANDWERK

Die Schilder „Galerie" und „Töpferei" am Straßenrand versprechen Kunst und Handwerk. Nehmen Sie sich die Zeit und schauen mal rein. Ob es sich bei dem Aquarellleuchtturm oder der Küstenlandschaft in Öl nun um Kunst handelt, darüber lässt sich streiten. Letztendlich entscheiden Sie, ob es zu Hause noch einen Platz an der Wand gibt. Dem Töpfer an seiner Drehscheibe über die Schulter zu schauen, ist immer wieder faszinierend. Und womöglich entscheiden Sie sich für ein Service, gebrannt mit friesisch-farbiger Glasur. Sollten Bilder, Becher und Kannen ein Preisschild tragen, geben Sie dennoch ein Gebot ab. Handeln ist erlaubt!

MODE

Absolut regional authentisch sind die blau-weißen Fischerhemden. Sie wehen nicht nur auf dem Bügel vor den Souvenirläden, sondern es gibt sie auch im Fachgeschäft. Komplett ist die Tracht mit einem roten Halstuch. Wem das nicht reicht, der setzt sich eine Pudelmütze oder die blaue Schirmmütze namens „Elbsegler" auf. Zu Hause zweifelt dann niemand mehr, dass Sie von der Küste kommen.

WARMES

Es soll doch etwas für die Ewigkeit sein? Wie wäre es mit einem Fell vom Schaf, hell oder dunkelbraun? Solch eine natürliche Wärmflasche kaufen Sie besser dort, wo Bock und Lamm zu Hause sind, sonst kann es Ihnen passieren, dass Sie ein Schnuckenfell aus der Lüneburger Heide in der Kinderkarre oder auf dem Autositz spazieren fahren. Wem ein ganzes Fell gar zu tierisch ist, wer aber auf wärmende Wolle nicht verzichten möchte, für den bleiben ein paar Knäuel Wolle – handgesponnen und naturgefärbt. Daheim ist dann jede Masche mit einer schönen Erinnerung verbunden.

> OBEN IN NORDFRIESLAND

Am Tor zur faszinierenden Welt der Halligen und mit einem Bein im Königreich

> Enneff" nennen die Nordfriesen liebevoll ihren Landstrich im Nordwesten Schleswig-Holsteins. NF, das Kennzeichenkürzel nördlich der Eider, existiert erst seit 1970. Damals mussten sich die Friesen, trotz heftiger Proteste, damit abfinden, dass die Landkreise Südtondern, Husum und Eiderstedt zum Kreis Nordfriesland zusammengelegt wurden.

Die Region „Eneff" wird um 1000 n. Chr. besiedelt. Die ersten Nordfriesen entwässern das Land, bauen Deiche, nutzen den fruchtbaren Boden, bestellen Äcker, züchten Vieh, und sie handeln im Westen mit den Holländern. Als Nordfriesland noch einem Flickenteppich im Wasser glich, wohnten die Friesen auf den hohen und somit trockenen Geestinseln Sylt, Föhr und Amrum, oder sie bauten ihre Häuser auf Warften im Außenland, dem *Uthlande.*

Ein eigener, störrischer Kopf wird den Nordfriesen nachgesagt. So ist es

Bild: Strand auf Sylt

DER NORDEN

ihnen nie gelungen, sich politisch zusammenzuschließen. Folglich gibt es keine nordfriesische Hauptstadt, kein Zentrum für Politik oder Kultur. Was nicht heißt, die Friesen hielten nicht zusammen, seien sich einer gemeinsamen Geschichte nicht bewusst. Im Gegenteil. Hier weht in manchen Gärten neben der friesischen Trikolore – gelb, rot, blau – der Danebrog, das dänische Rot mit dem weißen Kreuz, gehisst von Nordfriesen, die sich der dänischen Minderheit zugehörig fühlen.

Schleswig, das Land nördlich der Eider, gehörte im Lauf seiner Geschichte mal zu Dänemark, dann wieder zu Preußen. 1920 hatten die Nordfriesen im deutsch-dänischen Grenzraum die Wahl. Die Teilung des Landesteils Schleswig war die Folge. Nordschleswig gehörte künftig zu Dänemark, Südschleswig zum Deutschen Reich.

BREDSTEDT

Geblieben ist der trotzige Ruf „Leever duad üüs Slaav". Er stammt aus der Zeit des Widerstandes gegen die dänische Krone Mitte des 19. Jhs. „Lieber tot als ein Sklave" bezeugt

SEHENSWERTES

NORDFRIISK INSTITUUT

Insider Tip

Alle die, die Fragen zur friesischen Sprache, Geschichte und Kultur haben – hier bekommen sie profunde

Bredstedt, auf Friesisch Bräist, besitzt einen beschaulichen Marktplatz, links das Rathaus

den Stolz der Friesen auf ihre Unabhängigkeit und wird noch heute in Fahnentücher gewebt oder auf Wappen gemalt.

BREDSTEDT

[119 D1] **Seit dem Bau der Umgehungsstraße bleibt diese beschauliche Stadt vom Durchgangsverkehr verschont.** Das Herz Bredstedts (5700 Ew.) ist ein hübscher dreieckiger Marktplatz mit dem neugotischen Rathaus und der Alten Apotheke, wo bereits 1611 Pillen gedreht wurden und vor der kleine Granitsäulen stehen – an ihnen band man früher die Pferde fest.

Auskunft. *Mo–Fr 8.30–12.30, Do 13.30–16 Uhr | Süderstr. 30 | Tel. 04671/60 12-0 | www.nordfriiskinstituut.de*

ESSEN & TRINKEN

ANDRESENS GASTHOF ⭐

Die feine Adresse an der B5 in *Bargum* (zwischen Bredstedt und Niebüll). Hier wird in geschmackvollem Ambiente geschlemmt und geschwelgt für entsprechendes Geld. Tisch bestellen! Wer bleiben möchte: Es gibt auch 5 Zimmer. *Mo, Di geschl. | Dörpstr. 63 | West-Bargum | Tel. 04672/10 98 | www.andresensgasthof.de | €€€*

> *www.marcopolo.de/nordseekueste-sh*

DER NORDEN

EINKAUFEN

GERBEREI-LEDERHANDLUNG H. G. GILDE *(Insider Tipp)*
(Schaf-)Felle: große, kleine, weiße, braune, aus eigener Gerberei; nette Beratung. *Mo–Fr 9–12 u. 14–18, Sa 9–12 Uhr | Gerichtsstr. 17*

ÜBERNACHTEN

THOMSENS GASTHOF
„De oole Kachelstuv" ist ein kleines Hotel mit Biergarten, Kachelstube und Restaurant mit regionaler Küche. *5 Zi. | Markt 13 | Tel. 04671/911 80 | Fax 91 18 32 | €*

AM ABEND

FIEDES KROG ▶▶
Hier gibt es musikalisch: Folk und Friesisches – live! Und lukullisch: Fleisch und Fisch gutbürgerlich mit geduldig gezapftem Pils. *Markt 35 | Tel. 04671/23 00 | www.fiedes-krog.de | €–€€*

AUSKUNFT

TOURISTINFO BREDSTEDT
Markt 37 | 25821 Bredstedt | Tel. 04671/58 57 | www.bredstedt.de

ZIEL IN DER UMGEBUNG

ARLAUSCHLEUSE [119 D2]
12 km südwestlich von Bredstedt mündet die Arlau in die Nordsee. Sie fahren auf der B 5 Richtung Süden, vor Hattstedt folgen Sie dem Wegweiser „Arlauschleuse"; die Straße schlängelt sich durch den Koog und führt Sie zum Hotel-Restaurant Arlau-Schleuse *(Insider Tipp)* *(41 Zi. | Hattstedtermarsch | Tel. 04846/699 00 | www.arlau-schleuse.de | €€€)*. Von hier aus können Sie rund um den Beltringharder Koog radeln oder mit dem Kanu auf der Arlau paddeln. Zur Stärkung serviert die Küche Aal, Wild oder Lamm (€€).

DAGEBÜLL

[116 C5] **Dagebüll wird häufig als Parkplatz mit Fähranschluss verspottet. Doch das „Tor zu Inseln und Halligen" will sein Image aufpolieren.** Die abgestellten Autos der Inselurlauber, die einst auf den Wiesen beiderseits der Hauptstraße das Dorfbild verschandelten, sind verschwunden – hier sollen in den nächsten Jahren Läden und Restaurants entstehen. Wer nach Amrum oder Föhr übersetzt und sein Auto auf dem Festland lässt, stellt es heute auf einem Großparkplatz (bis 24 Std. 6 Euro) außerhalb Dagebülls ab und wird mit einem Shuttlebus zum „Fährport" gebracht, wo im Reedereigebäude direkt an der Mole ein kleines Bistro hilft, die Wartezeit auf die Fähre zu verkürzen.

MARCO POLO HIGHLIGHTS

★ **Nolde-Museum**
Bilder und Blumen von Ada und Emil (Seite 38)

★ **Charlottenhof**
Kulturveranstaltungen und Kunstmärkte im Stall (Seite 36)

★ **Andresens Gasthof**
Sternerestaurant an der Bundesstraße (Seite 32)

★ **Tønder**
Dänemark: Häuser, Gassen und Läden wie aus dem Bilderbuch (Seite 40)

32 | 33

DAGEBÜLL

Wollen Sie sich in Dagebüll am grünen Strand sonnen, dann folgen Sie im Kreisverkehr am Ortseingang nicht dem „P" für Parkplätze, sondern fahren in den Ort. Hier gibt es einen Strandparkplatz (Parkscheibe) für Tagesgäste.

ESSEN & TRINKEN

Fischbrötchenbuden stehen an der Hauptstraße und hinterm Badedeich.

FÄHRHAUS SCHLÜTTSIEL
Restaurant, Café und Bistro am Fährhafen Schlüttsiel mit Blick auf die Halligen. Serviert werden Fisch- und Lammgerichte. *Tgl. | Osterdeich 4 | Tel. 04674/962 60 | www.faehrhaus-schluettsiel.de* | €–€€

TO OLEN SLÜÜS
Gutes Fischrestaurant im Ortsteil Dagebüll-Kirche. *Tgl. | Osterdeich 4 | Tel. 04667/373* | €–€€

ÜBERNACHTEN

PENSION TO OLEN SLÜÜS
Sieben behagliche, ruhige Zimmer mit Blick über den Koog. *Osterdeich 4 | Tel. 04667/373 | www.pension-dagebüll.de* | €–€€

STRANDHOTEL DAGEBÜLL
Mittelklassehotel direkt an der Nordsee, alle Zimmer mit Meerblick. Wellness und Sauna. ☼ Im Restaurant gibt's eine herrliche Aussicht auf die Nordsee. *26 Zi. | Dagebüll-Hafen | Tel. 04667/212 | Fax 496 | www.strandhotel-dagebuell.de* | €€–€€€

STRAND
Grüner Strand mit bewachter Badestelle, Strandkorbverleih.

AUSKUNFT

TOURISTINFORMATION UND ZENTRALE ZIMMERVERMITTLUNG DAGEBÜLL
Am Badedeich 1 | 25899 Dagebüll | Tel. 04667/950 00 | www.dagebuell.net, www.dagebuell-online.de

ZIELE IN DER UMGEBUNG

AMRUM [116 A5–6]
Wenn Sie um 10 Uhr in Dagebüll mit der Fähre ablegen und zum Abendessen zurück sein möchten, dann bleiben Ihnen etwa fünf Stunden Aufenthalt. Zeit genug für einen Spaziergang an Amrums einzigartigem Strand, dem 10 km² großen *Kniepsand* oder für einen Bummel durch das Friesendorf *Nebel* mit der St.-Clemens-Kirche und ihrem Walfängerfriedhof mit den sehens- und lesenswerten Grabsteinen. *Tagesrückfahrkarte Dagebüll–Wittdün 16,90 Euro | Dauer der Überfahrt mindestens 2 Std.*

FÖHR [116 A–C 4–5]
Sehnsucht nach Sandstrand? Die Fähre bringt Sie in 45 Minuten rüber nach Föhr; vom Wyker Fährhafen sind es nur wenige Schritte bis zum Strand und zur Promenade von *Wyk*, dem Sandwall, mit Cafés, Restaurants, Souvenirläden und Strandkorbvermietern. Wer mehr von der „grünen Insel" sehen möchte, sollte mit dem Bus nach *Nieblum* fahren, ein bildhübsches Friesendorf mit Alleen, reetgedeckten Häuschen und dem *Friesendom*, der St.-Johannis-Kirche aus dem 13. Jh. *Tagesrückfahrkarte Dagebüll–Wyk 12 Euro*

Detaillierte Informationen zu beiden Inseln finden Sie im MARCO POLO Band „Amrum/Föhr".

> www.marcopolo.de/nordseekueste-sh

DER NORDEN

NIEBÜLL

[117 D4] Jährlich rollen hier 1 Mio. Autos auf die Waggons der Deutschen Bahn. Für Syltbesucher ist Niebüll (9100 Ew.) lediglich Verladestation. Wer jedoch im Kreisverkehr am Ortseingang statt dem Abzweiger „Autoverladung" dem Hinweis „Niebülls Museen" folgt, der wird in diesem nordfriesischen Luftkurort einiges entdecken.

■ SEHENSWERTES

FRIESISCHES MUSEUM
In einem 200 Jahre alten Friesenhaus wird der Besucher in die „gute, alte Zeit" versetzt. Hier erfährt man alles über nordfriesische Wohnkultur und Lebensweise. *Juni–Sept. tgl. 14–16 Uhr oder n.V. | Eintritt 2 Euro | Osterweg 76 | Tel. 0175/414 61 85 | www.friesisches-museum.de*

NATURKUNDEMUSEUM NIEBÜLL E.V.
Alles, was an der Nordseeküste kreucht und fleucht, gibt es hier zu sehen und zu hören. Auch Nationalpark-Infozentrum. *April, Sept., Okt. Di–So, Juni–Aug. tgl. 14–17.30 Uhr | zusätzl. Führungen n.V. | Eintritt 2,50 Euro | Hauptstr. 108 | Tel. 04661/56 91 | www.nkm-niebuell.de*

■ ESSEN & TRINKEN

CAFÉ STORCHENNEST
In dem Friesenhaus werden Kuchen, kleine Gerichte und friesische Getränke serviert. Sonntags Frühstück. *Di geschl. | Gotteskoogstr. 32 | Tel. 04661/67 50 74 | €–€€*

CASA PICCOLI
Italienische Spezialitäten, serviert in Gasthausatmosphäre. *Tgl. | Rathausstr. 16a | Tel. 04661/60 03 33 | €*

Votivschiffe hängen in vielen Kirchen an der Küste, wie hier in St. Johannis in Nieblum/Föhr

NIEBÜLL

GALERIE CAFÉ
Kaffeestunde wie bei Oma auf dem Sofa, 4 km südlich von Niebüll. *Tgl. | Dorfstr. 174 | Risum-Lindholm | Tel. 04661/33 87 | €*

EINKAUFEN

MARKT
Samstags gibt es auf dem *Rathausmarkt* Gemüse aus der Umgebung, Fisch, Geflügel, Wild, Lamm- und Ziegenfleisch und köstliche Waffeln.

SPEZIALITÄTEN-HAUS MARTENSEN
Insider Tipp

Delikatessgeschäft mit friesischen Köstlichkeiten: Lammschinken, Schaf- und Ziegenkäse, Teesorten und Hochprozentiges. *Rathausplatz*

ÜBERNACHTEN

INSEL PENSION
Gepflegtes, liebevoll geführtes kleines Hotel. *9 Zi., 5 Apt. | Gotteskoogstr. 4 | Tel. 04661/21 45 | www.inselpension.de | €€*

NIEBÜLLER HOF
Das größte Hotel im Ort. Oft nehmen hier Bus- und Gruppenreisende Quartier. *145 Zi. | Hauptstr. 15 | Tel. 04661/60 80 01 | Fax 12 67 | www.niebueller-hof.de | €€*

FREIZEIT & SPORT

FREIBAD
Insider Tipp

Naturbad in der sogenannten Wehle, einem durch einen Deichbruch entstandenen See. Mit DLRG-Aufsicht. *Deichstraße*

SAUNA-CAFÉ [111 D3]
Finnische Sauna, Dampfbad, Solarium: All das gibt es 12 km nördlich von Niebüll im Örtchen Neukirchen, dazu ein nettes, kleines Café. *Damensauna Mo 14–17, Mi 17–22 Uhr; gemischte Sauna Mo, Di 17–22, Fr 16–22 Uhr | Hesbüllerstr. 58–60 | Neukirchen | Tel. 04664/13 50*

AM ABEND

CHARLOTTENHOF ⭐ ▶▶
Kultur- und Tagungshaus, 13 km nordwestlich von Niebüll; Theater, Musik, Lesungen, Kunstmärkte. Der historische Vierkanthof ist nur während der Veranstaltungen zu besichtigen. *Osterklanxbüll 4 | Klanxbüll |*

> BLOGS & PODCASTS
Gute Tagebücher und Files im Internet

> **www.nordsee-treff.de/blog** – Auf dieser Seite gibt es aktuelle Veranstaltungshinweise. Unter „Treffpunkt" tauschen Nordseefans ihre Erfahrungen aus

> **www.nordseeblog.de** – Ditmarschen-Urlauber hinterlassen hier Fotos und persönliche Erlebnisse

> **www.podcast.de** – Bilder und Filme aus Schleswig Holstein

> **www.nabu.de** – Podcasts zum Thema Naturschutz

> **www.kuestenforum.de** – Großenteils sehr aktuelle Beiträge über die Region und die Nordseeküste im Allgemeinen

Für den Inhalt der Blogs & Podcasts übernimmt die MARCO POLO Redaktion keine Verantwortung.

DER NORDEN

*Tel. 04668/921 00 | www.dercharlot
tenhof.de*

ECK'S KINO
Drei Kinos mit Tischlämpchen und Bedienung. Die Termine erfahren Sie aus der Tagespresse. *Hauptstr. 37 | tel. Programmansage 04661/40 04 und 40 05*

AUSKUNFT
FREMDENVERKEHRSVEREIN NIEBÜLL/ TOURISTINFORMATION SÜDTONDERN
Rathausplatz | 25899 Niebüll | Tel. 04661/94 10 15 | www.niebuell.de, www.halligland.de

ZIELE IN DER UMGEBUNG
KZ-GEDENKSTÄTTE LADELUND [117 F6]
In der Nähe der dänischen Grenze, 15 km nordöstlich von Niebüll, befindet sich die ehemalige Außenstelle des Konzentrationslagers Neuengamme bei Hamburg. Im Winter 1944 starben hier 300 der etwa 2000 Häftlinge. Dokumentiert werden die Ereignisse in der Ausstellung „Konzentrationslager Ladelund 1944". Führungen erfolgen nach Anmeldung. *Raiffeisenstraße | Ladelund | Tel. 04666/449 | www.kz-gedenkstae tte-ladelund.de*

MØGELTØNDER [117 D2]
Etwa 26 km von Niebüll liegt jenseits der dänischen Grenze ein verträumtes Dorf mit der wohl schönsten Dorfstraße Dänemarks – reetgedeckte Backsteinhäuschen, teilweise mit Rosenstöcken davor, säumen die katzenkopfgepflasterte Straße. Møgeltønder ist auch das Mekka der Dänen: Hier, im *Schloss Schackenborg*, wohnen Seine Königliche Hoheit

Der Charlottenhof: Kultur- und Tagungszentrum in traumhafter Alleinlage

NIEBÜLL

Prinz Joachim samt seiner zweiten Frau Marie Cavallier.

Gegenüber vom Schloss liegt ein hübscher kleiner Park zum Flanieren, und wer in direkter Nachbarschaft der königlichen Familie schlemmen und schlafen möchte, der logiert angemessen im *Schackenborgs Slotskro* | *25 Zi.* | *Slotsgaden 42* | *Tel. 0045/ 74 73 83 83* | *www.slotskro.com* | *€€€*

benmeer! *März–Nov. tgl. 10–18 Uhr* | *Eintritt 8 Euro* | *Neukirchen/Seebüll* | *www.nolde-stiftung.de*

Wer von Noldes Landschaft, Bildern und Farben träumen möchte, kann sich im *Gästehaus Seebüll* einquartieren. In den Bauernhöfen der Noldestiftung *Seebüll Hof* und *Seehof* gibt es zwei Apartments und sieben Zimmer. Die Zimmer mit allem [Insider Tip]

Überall an der Küste und auf den Inseln gibt es Häfen für Freizeitskipper, wie hier in List/Sylt

NOLDE-MUSEUM ★ [117 D3]

Wie eine Trutzburg steht das Haus und ehemalige Atelier des Expressionisten Emil Nolde auf einer Warft in der Kooglandschaft, 17 km nördlich von Niebüll. Ausgestellt sind hier insgesamt ca. 170 Werke: Ölbilder, Aquarelle, Zeichnungen und Grafiken. Hinter dem Haus Ada und Emil Noldes Garten: zur Blütezeit ein Far-

Komfort sind skandinavisch schlicht eingerichtet; an den weiß getünchten Wänden hängen farbige Noldedrucke, auf dem Nachttisch liegt Emil Noldes Biografie „Mein Leben". *Dez.–Feb. geschl.* | *Neukirchen/Seebüll* | *Tel. 04664/98 39 70* | *gaestehaus@nolde-stiftung.de* | *€€*

Im neuen Museumsgebäude findet sich neben Shops, Kinosaal und Ate-

> *www.marcopolo.de/nordseekueste-sh*

DER NORDEN

lier für Amateurmaler das ==Restaurant Seebüll.== Man sitzt hinter bodentiefen Fenstern mitten in Noldes Landschaft und genießt die sehr gute moderne Küche oder einfach nur einen Kaffee. *März–Dez. tgl. 9–23 Uhr (Dez. eingeschränkt) | Tel. 04664/ 98 39 70 | €€–€€€*

SÜDWESTHÖRN [116 C4]
10 km westlich von Niebüll eine Badestelle am Deich. Grüner Strand. Bei Flut die Chance zur Abkühlung. Es gibt ein paar Strandkörbe und eine Fischbrötchenbude.

SYLT [116 A–B 1–4]
In Niebüll oder Klanxbüll müssen Sie in den Zug steigen, wenn Sie auf „die Insel" wollen. Fahren Sie mit dem Auto nach Niebüll und wollen hier in den Zug umsteigen, folgen Sie nicht dem Schild „Sylt", sondern fahren Richtung „Gewerbegebiet Süd" zum Bahnhof; hier gibt es für Syltreisende gebührenpflichtige Parkplätze. In Niebüll halten alle Züge Richtung Westerland. Preiswerter als der IC von Niebüll sind sind die Züge der Nord-Ostsee-Bahn (NOB). Sie halten auch in *Klanxbüll,* der letzten Station auf dem Festland. Hier gibt es in Bahnhofsnähe genügend gebührenpflichtige Parkplätze (an Kleingeld für den Fahrkartenautomaten denken). In den Sommermonaten und an Wochenenden sind die Züge oft überfüllt.

Auf der Insel angekommen, führt der schnellste Weg zum Strand durch *Westerlands* Vergnügungs- und Shoppingmeile, die Friedrichstraße. Wollen Sie dem Trubel entfliehen, dann steigen Sie am Bahnhof in einen der Busse Richtung List (Norden), *Hörnum* (Süden) oder *Keitum* (Osten). Abseits der Badeorte gibt es entlang der Küste tatsächlich einsame Strände; auf Strandkorb und -wache müssen Sie dann jedoch verzichten. (Detaillierte Informationen im MARCO POLO Band „Sylt".)

Fahrzeiten: Niebüll–Westerland mit dem IC 27 Min., mit der Nord-Ostsee-Bahn (NOB) 36 Min. | Tagesrückfahrkarte 12,70 Euro; Klanxbüll–Westerland mit der NOB 25 Min. | Tagesrückfahrkarte 9,40 Euro

TETENS GASTHOF [117 E3]
Fahren Sie auf der Bundesstraße 5 Richtung Dänemark, kommen Sie 12 km nördlich von Niebüll durch

> LOW BUDGET

> Für 17 Euro rustikal übernachten, und zwar in einer Heukoje auf dem Heuboden. Schlafsack und Taschenlampe sollten sie unbedingt mitbringen. *Hedwigsruh 6 | Stadum (bei Leck) | Tel. 04662/ 705 31 | www.heuherberge-nf.de*

> Reichhaltiges Frühstücksbuffet am Sonntag für 10 Euro. Mittagessen 6 Euro. Im Niebüller Gewerbegebiet erfüllte sich Bäckermeister *Hansen* seinen Traum: ein Bistro im Designerlook – mit Autoschalter. *Mo–Sa 5–19, So 6–19 Uhr | Bahnhofsstr. 9a*

> Warum Urlaubslektüre kaufen? In der Stadtbücherei kann man schmökern, Videos und DVDs schauen, ausleihen und im Internet surfen. *Mo, Di, Do, Fr 9.30–13 u. 15–18, Sa 10–12 Uhr | Hauptstr. 46 | www.stadtbuecherei-niebuell.de*

NIEBÜLL

Süderlügum (1900 Ew.). Im 18. Jh. wurden hier auf dem alten Ochsenweg Tausende von Rindern, Pferden, Schweinen und Schafen durch den Ort getrieben. Schon zu dieser Zeit war *Tetens Gasthof* der Krug der Viehhändler. 1816 abgebrannt, wurde das Wirtshaus noch im selben Jahr wieder aufgebaut.

Im original erhaltenen Ostflügel wird Ihnen unter Balkendecken, zwischen Biedermeiersofas und antiken Schränken Feines aus der regionalen Küche serviert. Schlafen können Sie in liebevoll eingerichteten Landhauszimmern. *12 Zi. | Hauptstr. 24 | Süderlügum | Tel. 04663/185 80 | www.landhotel-tetens.de | €€*

TØNDER ★ [117 D–E2]

Bis 1920 war Tondern (13 000 Ew., 20 km nördlich von Niebüll) eine deutsche Kleinstadt und stand in den Jahrhunderten zuvor mal unter dänischer, mal unter deutscher Herrschaft, dann beendete die Volksabstimmung den Streit um das Herzogtum Schleswig. Tondern wurde wieder vereint mit dem dänischen Königreich.

Wer mit dem Auto fährt, passiert die verwaisten Zollhäuschen an der dänischen Grenze. Europa lässt grüßen. Lange waren die Gleise zwischen Niebüll und Tønder verrostet, doch nun fährt er wieder: Der Zug zwischen Niebüll und Tønder verkehrt im Zweistundentakt. Angekommen, werden Sie denken: Ja, das ist Dänemark – auf dem Markt die Pølserbude, in den engen Gassen liebevoll gepflegte, bunte Häuser, keine Gardinen; gemütlich – auf Dänisch „hyggelig" – geht es hier zu.

Folgen Sie den Parkplatzhinweisen und Fußgängerströmen, erreichen Sie den Marktplatz und die Fußgängerzonen Storegade und Vestergade. Hier können Sie shoppen und dänische Köstlichkeiten probieren. Die roten Pølser gibt es in der Bude auf dem Markt, dänisches Øl (Bier) vom Fass, kleine Speisen und das gemütliche dänische Lebensgefühl im *Café Victoria (tgl. | Storegade 9, €€)*. Kaum hundert Meter weiter lockt die Auslage des Bäckers *Vor Bager (Mo–Fr 6.30–18, Sa 6.30–14 Uhr | Vestergade 8)*. Marzipan, Schokolade, Marmelade, Nuss- und Mandelsplitter, dies alles auf und zwischen Blätterteig: „Wienerbrød" heißt die süße Sünde. Sie können sie entweder aus der Tüte oder im Café mit Blick auf die Straße genießen.

Inside Tip

Ein besonderes Haus ist die *Alte Apotheke*: Hier gibt es alles, was man nicht braucht, aber aus dem Urlaub gern mitbringt: Kerzen, Seife, Karten, Kunsthandwerk. Und im Keller warten Weihnachtswichtel auf die heilige Nacht. Zwölf Monate im Jahr heißt es hier „Oh, du fröhliche!" Warum nicht den Weihnachtsbaumschmuck im Sommer kaufen? *Det Gamle Apotek | März–Jan. tgl. 9.30–17.30 Uhr | Østergade 1 | www.detgamle-apotek.dk*

Die Patrizierhäuser in den Fußgängerzonen mit den kunstvollen Portalen zeugen vom Wohlstand der Spitzenhändler im 18. Jh. Sie schufen die schleswigsche Klöppelindustrie. Noch heute lebt die Tradition dieses alten Handwerks. So findet alle drei Jahre ein internationales Klöppelfestival statt. Den Klöpplerinnen bei ihrer filigranen Arbeit zu-

> *www.marcopolo.de/nordseekueste-sh*

DER NORDEN

schauen können Sie im *Drøhses Hus* *(Storegade 14)*.

Alte Spitzen und Arbeiten der Silberschmiede aus der Zeit von 1750 bis 1825 sind im *Tønder Museum* ausgestellt. Zu den Museumsgebäuden gehören auch das *Sønderjyllands Kunstmuseum* und der alte <mark>Wasserturm</mark> von 1902. Im Museum werden die verschiedenen Strömungen der nordeuropäischen Kunst des 20. Jhs. gezeigt. ☼ Von der obersten, rundum verglasten Etage des Turms hat man eine herrliche Aussicht auf die Stadt und über die Marsch. *Museen in Tønder: Juni–Aug. tgl. 10–17 Uhr, Sept.–Mai Di–So 10–17 Uhr | Kongevej 51 | www.sonkunst.dk*

Wollen Sie für eine Weile der Shopping- und Schlemmermeile entfliehen, finden Sie Ruhe rund um die und in der *Christuskirche* zwischen Nørregade und Storegade *(Mo–Sa 10–16 Uhr)*. Sie wurde 1592 erbaut; den größten Teil des Inventars haben die reichen Vieh- und Klöppelspitzenhändler der Kirche im 17. und 18. Jh. geschenkt. Besonders sehenswert sind die 14 sorgfältig restaurierten Epitaphien (aufrecht stehende, verzierte Grabplatten). *Tønder Turistbureau | Torvet 1 | Tel. 0045/74 72 12 20 | www.visittonder.dk*

WALDSTÜBCHEN HOF BERG [111 E5]

Insider Tipp

Tatsächlich im Wald, ca. 15 km östlich von Niebüll, liegt das gemütliche Café-Restaurant. Kuchen wie bei Oma, dazu eine reiche Speise- und Weinkarte. *Von der B 199 zwischen Stadum und Leck Einfahrt in den Wald | Mo geschl. | Tel. 04662/704 51 | €€*

Ein Abstecher ins dänische Tønder mit seiner Bilderbuch-Altstadt lohnt sich

40 | 41

> KRABBENBRÖTCHEN UND KROKUSBLÜTEN

Über Nacht wurde Husum zur Stadt am Meer. Mal ist sie grau, mal bunt

> Windräder und Getreidesilos bilden Husums Skyline. Aus der Ferne ist die zweitgrößte Stadt an der Westküste keine lockende Schönheit. Wer trotzdem die B 5 verlässt, wird verzaubert werden von der historischen Altstadt mit kopfsteingepflasterten Gassen, dem Markt und den liebevoll restaurierten Giebelhäusern aus dem 16. Jh.

Dass die Stadt zur Küstenmetropole wurde, haben die Husumer letztendlich einer Katastrophe zu verdanken. Bis ins frühe Mittelalter war Husenbro, „Brücke bei den Häusern", ein bedeutungsloses Dorf irgendwo im Binnenland. Gewissermaßen über Nacht begann Husums Aufstieg zur Stadt am Meer. Es geschah im Januar 1362: Wind und Wellen wüten, eine Jahrhundertsturmflut, die „große Mandränke", verschlingt weite Teile der Küste und beschert dabei Husum einen für Schiffe befahrbaren Zugang zur Nordsee. Das Dorf wird zum

Bild: Husumer Binnenhafen

HUSUM UND HUSUMER BUCHT

Umschlagplatz für Seefahrer und Küstenfischer.

„Am grauen Strand, am grauen Meer und seitab liegt die Stadt…" Wer durch Husum schlendert, folgt zwangsläufig den Spuren Theodor Storms. Der Dichter ist unübersehbar: das Geburtshaus, das Wohnhaus, sein Grab. Und die Husumer schmücken sich reichlich mit dem Sohn ihrer Stadt. Storm als Markenzeichen, Storm als Souvenir, Storm ist überall.

Nun, schließlich war er es, der Husum zwar als „graue Stadt am Meer" beschrieb, sie so aber weltbekannt machte. Die grauen Husumer Hauswände sind heute zwar bunt oder aus Backstein, doch ein Grau ist geblieben: Immer wenn über der Stadt die Wolken tief hängen und draußen die Nordsee tobt, kann man die graue Stimmung erleben, die Storm in seinen Novellen und Gedichten so eindrucksvoll beschrieben hat.

HUSUM

HUSUM

 KARTE IN DER HINTEREN UMSCHLAGKLAPPE

[119 D–E3] Der Binnenhafen mit den Krabbenkuttern, Restaurants, Cafés und Fischbrötchenbuden ist das erste Ziel aller Husumbesucher. Die Folge: Im Sommer und an Wochenenden geht hier nichts mehr. Einen Parkplatz am Hafen fin-

■ SEHENSWERTES

FREILICHTMUSEUM OSTENFELDER BAUERNHAUS [U A2]

Aus der Zeit um 1600 stammt das „Niederdeutsche Fachhallenhaus". Diele, Stall und Stube sind komplett eingerichtet und dokumentieren Alltag und Arbeit der Bauern. *April–Okt. Di–Do 13.30–17 Uhr | Eintritt 2,50 Euro | Nordhusumer Str. 13*

Husums Markt: Vor der Marienkirche schaut Tine von ihrem Brunnen in Richtung Nordsee

den? Vergessen Sie es einfach! Husum (22 000 Ew.) lässt sich sowieso nicht durch die Windschutzscheibe besichtigen, da die heimelige Innenstadt zu großen Teilen Fußgängerzone ist. Besser Sie folgen dem Parkleitsystem, zahlen die Parkgebühr und gehen wenige Schritte zu Fuß ins Zentrum, wo Sie z. B. am Marktplatz Ihren Stadtrundgang starten können.

HAFEN [U A–B3]

Husum hat zwei Häfen: zum einen den Binnenhafen mit den alten Kaufmannshäusern, der Schiffswerft und der historischen Slipanlage. Im 16. Jh. schlugen hier vorwiegend Holländer ihre Waren um. Jenseits der Eisenbahnzugbrücke beginnt der Außenhafen. Hier werden die „Husumer Krabben" und Nordseefische ange-

> www.marcopolo.de/nordseekueste-sh

landet. Angesichts der Flaute im Schiffbau setzt die Husumer Schiffswerft auf die Entwicklung und Fertigung von Windkraftanlagen.

MARIENKIRCHE [U B2]
Die klassizistische Kirche wurde zwischen 1829 und 1832 von dem dänischen Staatsbaumeister Christian Friedrich Hansen (1756–1845) gebaut. Husums erster Kirchenbau, die gotische Marienkirche, 1431 errichtet, soll die schönere gewesen sein, musste aber wegen Baufälligkeit 1807 abgerissen werden. Ein Teil der Kunstschätze ist in der neuen St.-Marien-Kirche erhalten. Sehenswert sind die Taufe aus Messingguss (1643) und die restaurierte Kanzelwand. *So–Fr 10–18 Uhr | Markt*

MARKT [U B2]
Hier und in der Großstraße zeugen die Fassaden aus dem 16. und 17. Jh. von der einstigen wirtschaftlichen Blüte Husums. An der Nordseite steht das alte Rathaus, erbaut 1601; das Nachbarhaus (Nr. 1–3) ist eines der ältesten Häuser Husums. Urkundlich erstmals 1520 erwähnt, wurden hier Münzen geprägt. Das Haus Nr. 10, das heute die Apotheke beherbergt, wurde 1656 errichtet. Gegenüber der Marienkirche, am Markt Nr. 9, erblickte Theodor Storm 1817 das Licht der Welt. Oft verändert, sind nur die vier Fenster im oberen Stockwerk und das Dach vom Geburtshaus des Dichters original erhalten geblieben.

NORDSEEMUSEUM HUSUM ⭐ [U B3]
Im größten Museum an der Nordseeküste, untergebracht im *Ludwig-Nissen-Haus,* erfährt man alles über Deichbau und Sturmfluten, über den Kampf gegen den „Blanken Hans". Zu verdanken haben die Husumer diese Sammlung Ludwig Nissen. Geboren 1855, wanderte er nach Amerika aus, wo er vom Tellerwäscher zum wohlhabenden Diamantenhändler wurde. Er starb 1924 und vermachte sein Vermögen seiner Geburtsstadt Husum. *April–Okt tgl. 10–17, Nov.–März Di–So 11–17 Uhr | Eintritt 5 Euro | Herzog-Adolf-Str. 25 | Tel. 04841/25 45 | www.museumsverbund-nordfriesland.de/nordseemuseum*

POPPENSPÄLER-MUSEUM [U B2]
Pole Poppenspäler ist eine der bekanntesten Figuren von Theodor Storm, Hauptdarsteller in der gleichnamigen Novelle. In dem Museum guckt man in die Augen von 500 Puppen: Zauberern, Wichteln, Ma-

MARCO POLO HIGHLIGHTS

⭐ **Theodor-Storm-Museum**
Im Poetenstübchen des Poppenspäler-Dichters (Seite 46)

⭐ **Nordseemuseum Husum**
Wissenswertes über das Leben der Menschen am Meer (Seite 45)

⭐ **Husums Stadtschlachter**
Lecker: Salami, Schinken und Sülze vom Lamm (Seite 48)

⭐ **Schifffahrtsmuseum Nordfriesland**
Ein Wrack aus dem 16. Jh., konserviert mit Zuckerwasser (Seite 46)

HUSUM

rionetten. Kinder dürfen hier spielen und basteln. *So–Fr 14–16.30 Uhr | Eintritt 2 Euro | Erichsenweg 23*

SCHIFFFAHRTSMUSEUM
NORDFRIESLAND ★ [U C2]
Nordfriesische Schifffahrts- und Fischereigeschichte. Zu sehen gibt es Schiffsmodelle der nordfriesischen Seefahrer. Attraktion ist das „Uelvesbüller Wrack", der archäologische Fund eines sogenannten Friesland-Schiffs aus dem 16. Jh., konserviert mit Zuckerwasser! *Tgl. 10–17 Uhr | Eintritt 2, 60 Euro | Am Zingel 15 | www.schiffahrtsmuseum-nf.de*

SCHLOSS VOR HUSUM [U B2]
Das im Stil der niederländischen Renaissance erbaute Schloss ist der einzig erhaltene Palast an der Westküste Schleswig-Holsteins. Der Gottorfer Herzog Adolf baute es sich 1577–82 als Nebenresidenz; nach seinem Tod wurde das Schloss zum Witwensitz seiner Gattin. 1752 grundlegend zu einem Barockschloss renoviert, blieb vom Original nur wenig übrig. Lediglich die sechs Sandsteinkamine aus dem 17. Jh. haben alle Umbauten überlebt. Heutzutage finden im Rittersaal des Schlosses Konzerte statt. *April–Okt. Di–So 11–17 Uhr | Eintritt 2,50 Euro*

SCHLOSSPARK [U B1–2]
Im Schlosspark locken im März Millionen Krokusse Tausende Touristen an. Dann ist die gesamte Schlosswiese von einem satten Violett überzogen. Wer hier einst die Blumenzwiebeln steckte, ist bis heute nicht bekannt.

TABAK- UND KINDERMUSEUM [U B3] *Inside Tip*
Keine Sorge, hier werden Kinder nicht zum Rauchen verführt. Unter einem Dach gibt es für die Großen alles rund um den Tabak; für die Kleinen Omas und Opas Spielzeug. *Tgl. 9.30–12.30 u. 15.30–17 Uhr | Eintritt 2 Euro | Wasserreihe 52*

THEODOR-STORM-MUSEUM ★ [U B3]
Hier wohnte Storm von 1866 bis 1880. Das Husumer Kaufmannshaus ist eingerichtet mit Möbeln und Bildern aus dem Nachlass des Dichters. Im original erhaltenen „Poetenstübchen" hat Storm 20 Novellen (u.a. „Pole Poppenspäler") zu Papier gebracht. Auch der kleine Garten ist zugänglich. *April–Okt. Di–Fr 10–17, Sa–Mo 14–17 Uhr, Nov.–März Di, Do, Sa 14–17 Uhr | Eintritt 3 Euro | Wasserreihe 31*

> LOW BUDGET

> Entlang der *Historischen Spiellinie* können die Lütten klettern, spielen, raten (die Großen raten mit). Die Spiellinie schlängelt sich entlang bunt gebrannter Pflastersteine um den Husumer Binnenhafen.

> Schwimmen in der Nordsee, spielen oder faulenzen am Deich. Eine Kurabgabe gibt es in der gesamten Husumer Bucht nicht.

> Im *Nationalparkhaus* ist der Eintritt frei. Sie erfahren alles über den Nationalpark und können sich die Vögel des Wattenmeeres aus nächster Nähe ansehen. *Mo–Sa 10–18, So 14–18 Uhr | Hafenstr. 3 | Tel. 04841/ 66 85 30 | www.nationalparkhaus-husum.de*

TINE-BRUNNEN [U B2]

„Tine", die Fischersfrau in Holzschuhen, die vom Markt Richtung Nordsee guckt, stellt Catharina Asmussen dar; gemeinsam mit ihrem Bruder August Friedrich Woldsen hat sie der

WASSERTURM [U B1]

Der Turm, erbaut 1899–1902, versorgte die Husumer einst mit Trinkwasser. Seit 1960 ist er „trocken". Seit 1983 in privater Hand, beherbergt er heute eine Werbeagentur.

Die Krokusblüte im Husumer Schlosspark: Hunderte Blüten pro Quadratmeter

Stadt ihr Vermögen vermacht. Der *Asmussen-Woldsen-Brunnen,* so sein offizieller Name, erinnert an das Geschwisterpaar. Er ist ein Werk des Husumer Bildhauers Adolf Brütt (1855–1939) aus dem Jahr 1902.

TORHAUS [U B2]

Das Torhaus, jenseits des Wassergrabens, lässt ahnen, wie prächtig das Schloss einst gewesen sein muss. 1612 erbaut, hat das Renaissanceportal sämtliche bauwütigen Schlossherren unbeschadet überstanden.

Von oben haben Sie einen wunderbaren Blick über die Stadt. *Mo–Fr 8.30–17 Uhr | Marktstr. 2*

WEIHNACHTSHAUS [U B2] *Insider Tipp*

Hier weihnachtet es das ganze Jahr. Gezeigt wird eine Sammlung zum Thema Weihnachten vom Biedermeier bis heute. Im Laden gibt es Weihnachtsbücher und Antiquitäten! *25. Okt.–6. Jan. 10–12 u. 14–17 Uhr, 7. Jan.–24. Okt. 14–17 Uhr | Eintritt 2,50 Euro | Westerende 46 | www. weihnachtshaus. info*

HUSUM

■ ESSEN & TRINKEN

EUCKEN [U C2]
Die feinste Adresse in Husum. Gourmetrestaurant mit Spitzenküche. *Mo, Di geschl. | im Gewölbe des Hotels „Altes Gymnasium" | Süderstr. 6 | Tel. 04841/83 30 | www.altes-gymnasium.de | €€€*

EWALDS [U B3]
Fischrestaurant unmittelbar am Wasser mit Blick auf den Hafen. Zusätzlich zur normalen Küche gibt's hier Fischbrötchen täglich schon ab 7 Uhr. *Tgl. | Hafenstr. 1 | Tel. 04841/83 97 70 | €€ – €€€*

FRIESENKROG [U B3]
Traditionsrestaurant mit Fisch-, Krabben- und Lammgerichten in gemütlicher Atmosphäre. *Im Winter Mi geschl. | Kleikuhle 6 | Tel. 04841/811 59 | €€*

JACQUELINE'S CAFÉ [U B2]
Frühstück, kleine Gerichte und köstlicher Kuchen. *Tgl. | Schlossgang 12 | Tel. 04841/55 53 | €*

STORM-CAFÉ [U B2]
Ältere Damen behalten hier den Hut auf und überblicken den Markt. *Tgl. | Markt 11 | Tel. 04841/66 94 02 | €*

TINE CAFÉ ▶▶ [U B3]
Unten Bäckerei mit Stehcafé, im ersten Stock Kaffee, Tee und Kuchen mit Blick auf den Binnenhafen. *Tgl. | Schiffbrücke | Tel. 04841/659 30 | €*

■ EINKAUFEN

Insider Tipp C. F. DELFF [U B2]
Romane, Sagen, Märchen, Bildbände, Landkarten – alles zum Thema Nordsee gibt es in dieser Buchhandlung. *Krämerstr. 8*

HUSUMS STADTSCHLACHTER ★ [U B2]
Nordfriesische Köstlichkeiten wie Sauerfleisch in dekorativen Gläsern, Geräuchertes vom Lamm und Mettwürste gibt's bei Claußen, dem Stadtschlachter, und alles wird Ihnen auch als Souvenir nett verpackt. *Markt 20 | www.stadtschlachter.de*

MARKT [U B2]
Fisch, Fleisch, Obst, Gemüse, dies und das gibt es jeden Donnerstagmorgen bis zum Mittag auf dem Marktplatz. *Markt*

■ ÜBERNACHTEN

ROMANTIK HOTEL ALTES GYMNASIUM [U C2]
1867 als Schule gebaut. Heute ein wirklich schönes Luxushotel mitten in der Stadt. In der einstigen Turnhalle befindet sich heute der Bade- und Fitnessbereich. Zwei Restaurants. *72 Zi. u. Suiten | Süderstr. 6 | Tel. 04841/83 30 | Fax 833 12 | www.altes-gymnasium.de | €€€*

HOTEL HINRICHSEN [U C2]
Angenehmes Hotel garni, 200 m vom Hafen. *49 Zi., auch Apartments und Ferienwohnungen | Süderstr. 35 | Tel. 04841/890 70 | www.hotel-hinrichsen.de | €€*

HOTEL LUNDENBERGSAND [119 D3]
Etwa 7 km südöstlich von Husum, in schöner Lage hinter dem Seedeich. Reetgedecktes Haus mit guter Küche, Wellness und Panoramapool ganz in der Nähe vom berühmten Roten Haubarg. *23 Zi. | Simonsberg |*

> *www.marcopolo.de/nordseekueste-sh*

M UND HUSUMER BUCHT

Tel. 04841/839 30 | www.hotel-lundenbergsand.de | €€

Insider Tipp

HOTEL OSTERKRUG [U D2]
Hinter der Fassade kaum zu vermuten: 53 komfortable Zimmer mit heller, moderner Einrichtung. Es werden auch Familienzimmer angeboten. *Osterende 54–56 | Tel. 04841/661 20 | www.osterkrug.de | €€–€€€*

■ FREIZEIT & SPORT

HUSUM BAD [U D1]
Spaß- und Erlebnisbad mit 60-m-Rutsche, Kleinkinderbereich und Sauna. *Di–Fr 14–22, Sa 8–17, So 8–18 Uhr | Flensburger Chaussee 28*

RADWANDERN [U D2]
Der *Radsportverein Husum e.V.* veranstaltet im Sommer an jedem Dienstag 2–2,5 Stunden dauernde Radtouren für Genussradler. Treffpunkt sind die *Keglerstuben (Di 14 Uhr | Schleswiger Chaussee 23).*

Radwanderungen mit Erläuterungen zur Geschichte, Kultur und Natur der Gegend bietet *Norbert Mähl* an, *Olandweg 1 | Tel. 04841/50 60.*

RUNDFLÜGE [119 E3]
Husum aus der Luft erleben in vier- oder zweisitzigen Sportflugzeugen. Je nach Flugzeugtyp kosten die Flugstunde 90–240 Euro oder die Minute in der Luft 2–3 Euro. *Sportfluggruppe Husum e.V. | Flugplatz Schwesing (3 km östlich) | Tel. 04841/731 93 u. 966 60*

STADTFÜHRUNGEN [U B2]
Es werden Führungen in Deutsch, Plattdeutsch und Englisch angeboten: Stadtführungen, Stormführun-

Tafeln unterm Glasdach: das Restaurant Wintergarten im Hotel Altes Gymnasium

HUSUM

gen, Kirchenführungen, naturkundliche Führungen durch das Umland. *März–Okt. regelmäßige Stadtführungen Mo–Sa 14.30 Uhr, während der Wintersaison auf Anfrage | Dauer: 2 Std. | 4 Euro. Treffpunkt und Informationen: Touristinformation/Historisches Rathaus | Großstr. 27 | Tel. 04841/898 70*

WATTWANDERN
Wattwanderungen zu den Halligen Nordstrandischmoor [118 C2] und Südfall [118 B3] sowie Watterkundungen auf dem Lundenbergsand: *Willy Hansen, Tel. 04841/44 15 | Anne Segebade, Tel. 04841/721 54 | Regina Matthiesen, Tel. 04841/29 35*

■ AM ABEND
BRAUHAUS [U B2]
Bierkneipe mit hausgebrautem Bier, das man bei Sonne im Garten trinken kann. *Mai–Okt. tgl. ab 15 Uhr, Nov.–April Mo–Sa ab 17 Uhr | Neustadt 60–68 | Tel. 04841/896 60*

HISTORISCHER BRAUKELLER ▶▶ [U B2]
Der Treff in Husum. Im Gewölbekeller gibt es über 30 Pizzavariationen, Pfannkuchen und natürlich Bier. *Mo–Fr 12–15 u. 17–23, Sa, So 12–23.20 Uhr | Schlossgang 7 | Tel. 04841/49 56*

SPEICHER [U B3]
Das Kulturzentrum der Stadt: Theater, Ausstellungen, Flohmärkte. Aktuelles Programm telefonisch. *Haferstr. 17 | Tel. 04841/650 00 | www.speicher-husum.de*

■ AUSKUNFT
TOURISTINFORMATION IM ALTEN RATHAUS [U B2]
Großstr. 27 | 25831 Husum | Tel. 04841/898 70 | www.husum-tourismus.de

■ ZIEL IN DER UMGEBUNG
HATTSTEDTER MARSCH [119 D2]
Hier, 4 km nördlich von Husum, ist das „Schimmelreiterland". Theodor

> THEODOR STORM
Ein Dichter und Advokat aus Husum

Bereits als Schüler schreibt Theodor (geb. 14. Sept. 1817 in Husum) sein erstes Gedicht. Als 25-Jähriger, nach dem juristischen Examen und der dänischen Sprache mächtig, wird er Anwalt in seiner Heimatstadt. Als 1848 dänische Truppen Schleswig-Holstein besetzen, protestiert Storm mit Gedichten und der Novelle „Immensee" gegen die Politik des dänischen Königs. Die Folge: Storm verliert seine Anwaltslizenz und flieht 1852 mit seiner Familie ins Exil nach Preußen, wo er als Richter arbeitet. Erst nach zwölf Jahren kehrt er zurück und übernimmt in Husum das Amt des Landvogts. 1885 stirbt seine Frau Constanze und hinterlässt ihm sechs Kinder; ein Jahr später heiratet Storm wieder – eine Jugendliebe. Die folgenden Jahre werden seine produktivsten: Er schreibt 20 Novellen, unter anderem „Pole Poppenspäler". 62 Jahre alt, zieht Storm in seine „Altersvilla" nach Hademarschen. Kurz vor seinem Tod (4. Juli 1888) verfasst er hier die berühmte Novelle „Der Schimmelreiter".

Gras statt Sand: Auf Nordstrand stehen die Strandkörbe auf grünem Rasen

Storm, so nimmt man an, soll diese Landschaft für seine berühmte Novelle vor Augen gehabt haben. Wer in der Hattstedter Marsch Hauke Haiens Spuren und Storms Motive sucht, sollte im *Schimmelreiterkrug* einkehren. 1934 wurde hier die Geschichte um Hauke Haien verfilmt. Bilder und Dokumente schmücken die Gaststube. Die Speisekarte beschränkt sich auf Brote mit Wurst, Käse oder Schinken *(tgl. | Sterdebüll, Hattstedter Marsch | Tel. 04846/821 | €).*

Nicht zu übersehen in der Hattstedter Marsch ist die lang gestreckte *Hattstedter Kirche* vom Beginn des 13. Jhs. Der Turm, errichtet Ende des 15. Jhs., war früher Seezeichen; im Inneren sind der geschnitzte Altar (15. Jh.) und die Kanzel (17. Jh.) sehenswert.

NORDSTRAND

[118–119 C–D 2–3] **Auf der Landkarte sieht sie aus wie eine Halbinsel, ist doch links und rechts des 4 km langen Autodamms, der 1935 gebaut wurde, viel Koogland entstanden. Trotzdem: Nordstrand (2300 Ew.) ist eine Insel.** Und zwar ein Rest der einstigen Insel Strand, die von den schweren Sturmfluten 1362 und 1634 zerrissen wurde. Heute ist die Insel rundum von einem Seedeich umgeben und hat somit, bis auf künstlich aufgeschütteten Sand, grünen Strand. Auf Nordstrand, seit 1991 Seeheilbad, die Ferien zu verbringen heißt Spazierengehen, Fahrradfahren, Wattwandern. Touristentrubel kennt Nordstrand nicht, auch wenn vom kleinen Hafen *Strucklahnungshörn* die Fähre nach Pellworm ablegt und Ausflugsdampfer unter anderem zur Hallig Hooge und zu den Seehundbänken fahren. (Detaillierte Informationen im MARCO POLO Band „Amrum/Föhr".)

■ESSEN & TRINKEN
MÜHLENCAFÉ „GLÜCK ZU"

In der hübsch restaurierten Engel-Mühle, erbaut 1888, gibt es süße und mittags auch herzhafte friesische Köstlichkeiten. In der Mühle kann man sich übrigens auch trauen las-

SCHOBÜLL

sen. *Mo geschl. (Juli–Mitte Sept. tgl.) | Süderhafen 15 | Tel. 04842/214 | www.engel-muehle.de | €€*

Insider Tipp: PHARISÄERHOF
Friesisch gemütliches Café. 1872 wurde hier, so wird behauptet, der erste Pharisäer getrunken. Schöne Terrasse. *Mo geschl. | Elisabeth-Sophien-Koog | Tel. 04842/353 | www.pharisaerhof.de | €*

EINKAUFEN

Insider Tipp: GALERIE „LAT DI TIED"
Die entzückende Galerie zeigt und verkauft jenseits von jedem Küstenkitsch geschmackvolle Bilder, Skulpturen, Schmuck und mehr. *Tgl. 11–18 Uhr | Süden 46 | www.galerie-nf.com*

NORDSTRANDER TÖPFEREI
Seit 20 Jahren dreht sich hier die Scheibe und brennen Öfen die friesische blau-graue Glasur. *Tgl. 9–18 Uhr | Süden 44 | www.nordstrandertoepferei.de*

ÜBERNACHTEN

HOTEL AM HEVERSTROM
Moderne Zimmer am Süderhafen. Am Tag Kaffee und Kuchen, abends nettes Restaurant *(Di geschl. | €€). 11 Zi. | Heverweg 14 | Tel. 04842/80 00 | Fax 72 73 | www.am-heverstrom.de | €*

FREIZEIT & SPORT

WATTWANDERN
Wanderungen und Touren mit dem Pferdewagen unter anderem zur Hallig Südfall *(Anmeldung bei Familie Andresen tgl. 8–12 Uhr | Tel. 04842/300)*. Wattführer: *Gabriele und Thomas Kluge | Tel. 04842/90 30 93*

AUSKUNFT

KURVERWALTUNG
Schulweg 4 | 25845 Nordstrand | Tel. 04842/454 und 194 33 | www.nordstrand.de

ZIEL IN DER UMGEBUNG

NORDSTRANDISCHMOOR [118 C2]
Ein Überbleibsel der großen Sturmflut vom 11. Oktober 1634, der sogenannten Buchardiflut. Die 180 ha große Hallig, auch Lüttmoor genannt, ist durch einen Schienendamm mit dem Festland verbunden. Die Loren sind aber kein öffentliches Verkehrsmittel; sie bringen den Halligbewohnern auf Nordstrandischmoor alles Lebensnotwendige. Für Besucher werden in den Sommermonaten Schiffsausflüge und kombinierte Rad- und Wattwanderungen zur Hallig organisiert. Wer bleiben will, kann auf einer der Warften ein Privatzimmer mieten; Gäste werden auch mit der Lore abgeholt. Sehenswert ist der *Friedhof*. Hier liegen sämtliche Grabsteine flach in der Erde, damit sie von den Fluten nicht umgerissen werden – immerhin meldet Nordstrandischmoor etwa 50-mal im Jahr „Land unter". *Infos über Schiffsfahrten und Wanderungen zur Hallig sowie über Unterkünfte: Kurverwaltung Nordstrand*

SCHOBÜLL

[119 D2] Über Schobüll (1600 Ew.) führt die Hauptzufahrt nach Nordstrand. Der kleine Ort hat seine Attraktivität den Naturgewalten zu verdanken. In der letzten Eiszeit schob sich hier ein Geesthügel bis unmittelbar ans Meer. Auf dieser Erhebung gelegen, braucht

> www.marcopolo.de/nordseekueste-sh

Schobüll als einziger Ort an der deutschen Nordseeküste keinen Deich. Wer hier wohnt, hat einen freien Blick auf die Nordsee.

SEHENSWERTES
KIRCHLEIN AM MEER
Über dem Ort thront die kostbar ausgestattete frühgotische Backsteinkirche aus dem 13. Jh. Sie ist eine beliebte Hochzeitskirche und bekannt für Klassik-Konzertveranstaltungen. Sehenswert im Inneren sind die geschnitzte Barockkanzel und eine Kreuzgruppe aus dem 13. Jh., außerdem der Altar und die Taufe aus dem 15. Jh. *www.kirchlein-am-meer.de*

ESSEN & TRINKEN
ZUM KRUG
Regionale, gute Küche im zwischen Schobüll und Husum liegenden Ortsteil Hockensbüll in einem wunderschönen Reetdachhaus aus dem Jahr 1707; schon Theodor Storm soll hier getafelt haben. Tischreservierung unbedingt erforderlich. *Mo, Di geschl. | Hockensbüll | Alte Landstr. 2a | Tel. 04841/615 80 | www.zum-krug.de | €€*

EINKAUFEN
GALERIE LÜTH
Aktuelle Gemälde und Skulpturen bekannter und weniger bekannter Künstler werden ausgestellt. *Mi–So 10–18 Uhr | Altendorfer Str. 21 | www.galerie-lueth.de*

AUSKUNFT
TOURISTINFORMATION SCHOBÜLL
Husumer Bucht e.V. | Großstr. 27 | 25813 Husum | Tel. 04841/898 70 | www.husum-tourismus.de

Ein Kleinod der Backsteingotik: das „Kirchlein am Meer" in Schobüll

> DIE NASE IM WIND

An der Spitze der Halbinsel Eiderstedt liegt die Sandkiste der Küste

> **Ihre Nasenspitze lockt. Im Profil der Nordseeküste heißt die „Nase" Eiderstedt und bietet an ihrer westlichen Spitze, was es an der Festlandküste sonst nur selten gibt: 12 km Strand aus feinstem Sand.**

Eilige Badegäste fahren hinter Heide, am Ende der A 23, entweder über Tönning oder queren die Eider am Eidersperrwerk, lassen grüne Wiesen und beschauliche Dörfer hinter sich, um schnell zur Spitze zu kommen. Heute kein Problem, denn Eiderstedt ist im Lauf der Jahrhunderte mit dem Festland zusammengewachsen.

Um das Jahr 1000 gibt es Eiderstedt noch nicht; die Landschaft ist von Wasserläufen zerrissen. Die ersten Bewohner lassen sich auf den Inseln Evershop, Eiderstedt und Utholm nieder, deichen ihr Land ein, und im Lauf der Zeit verschmelzen die drei Inseln zu einer namens Dreilande. Diese war aber immer noch getrennt vom Festland. Erst den Nie-

Bild: Westerhever Leuchtturm

EIDERSTEDT

derländern, die im 17. Jh. an die Westküste kamen, gelang es, den Wasserlauf zwischen Dreilande und dem Festland trockenzulegen. Im 18. Jh. setzte sich für die Halbinsel der Name Eiderstedt durch.

Wer es nicht eilig hat und die Hauptstraße verlässt, bekommt eine Ahnung von dem einstigen Reichtum der Bauern. Zeitzeugen sind die 19 Kirchen, in denen es kostbare Kunstwerke zu entdecken gibt, und die stattlichen Bauernhäuser, die Haubarge. Sie erzählen von der wirtschaftlichen Blütezeit Eiderstedts. So wurden im 17. Jh. alljährlich im Tönninger Hafen bis zu 3 Mio. Pfund Käse und zig Tonnen Getreide umgeschlagen. Doch diese Zeiten sind lange vorbei. Züchten die Eiderstedter Bauern auch heute noch Rinder und Schafe, ernten Raps und Weizen – das meiste Geld wird mit der Nasenspitze verdient.

FRIEDRICHSTADT

FRIEDRICHSTADT

[119 E4] ★ **Am Kirchturm sollten Sie sich nicht orientieren, wenn Sie das Zentrum Friedrichstadts (2600 Ew.) suchen. Zwar liegt der Markt inmitten der Stadt, aber eine Kirche fehlt hier.** Im 17. Jh. träumte der Gottorfer Herzog Friedrich III. (1616–59) von einer Handels- und Hafenstadt zwischen Eider und Treene. Er lockte Niederländer, die auf Grund ihres Glaubens fliehen mussten, an die Treene, versprach ihnen freie Religionsausübung, Abgabenerlass und andere Privilegien. Anhänger unterschiedlichster Religionen folgten dem Ruf des Herzogs: Mennoniten, Quäker, Sozianer, Juden, Lutheraner und Katholiken. Alle bekamen die gleichen Rechte, sodass keiner Kirche eine bevorzugte Lage eingeräumt wurde. Die Niederländer bauten sich ihre Stadt, mit Grachten und rechtwinkligen Straßenzügen; die Kirchen erhielten ihre Plätze zwischen den Bürgerhäusern. Zwar wurden die Träume des Herzogs nicht

Wie in Holland: von Trauerweiden gesäumte Grachten in Friedrichstadt

annähernd verwirklicht, doch ist ihm die „Holländerstadt", in der es heute noch vier Glaubensrichtungen und viele Kirchen gibt, zu verdanken.

■ SEHENSWERTES

ALTE MÜNZE

In diesem original erhaltenen niederländischen Renaissancehaus (1626) wurden nie Münzen geprägt, sondern es diente dem Statthalter als Amts-

> *www.marcopolo.de/nordseekueste-sh*

EIDERSTEDT

sitz. Heute ist die Alte Münze das *Historische Museum.* Im Garten findet sich der alte Mennonitenfriedhof. *Mai–Sept. Di–So 11–17, Okt.–April Di–Fr 15–17, Sa, So 13–17 Uhr | Eintritt 1,50 Euro | Am Mittelburgwall 23*

DER MARKT
Die Treppengiebel der Häuserreihe (16–24) an der Westseite des Marktes lassen ahnen, wie „holländisch" Friedrichstadt einst war. In der Mitte des Marktes steht ein Brunnenhäuschen, verziert mit Versen über das Wasser, gereimt von dem Heimatdichter Klaus Groth (1819–99).

ESSEN & TRINKEN
HOLLÄNDISCHE STUBE
Gut essen oder Kaffee trinken mit Grachtenblick. *Tgl. | Am Mittelburgwall 24–26 | Tel. 04881/939 00 | www.hollaendischestube.de |* €€

EINKAUFEN
FISCHSTUBE-RÄUCHEREI
Insider Tipp
Fisch aus eigener Räucherei, auch Versand. *Di–Sa 9–18, So 10–18 Uhr | Prinzenstr. 16 | Tel. 04881/16 58*

ÜBERNACHTEN
AQUARIUM
Vier-Sterne-Hotel mit Schwimmbad und Sauna. *38 Zi. | Am Mittelburgwall 4–8 | Tel. 04881/930 50 | www.hotel-aquarium.de |* €€€

HEUHERBERGE
Hier werden die „Betten" mit der Gabel gemacht. Sie schlafen im Schlafsack in Heuboxen. Frühstück gibt es auch. Schlafsack ist mitzubringen. *40 Schlafplätze | April–Okt. | Milterhof/Gemeinde Seeth (ca. 5 km östlich von Friedrichstadt) | Tel. 04881/78 16 | www.mildterhof.de |* €

FREIZEIT & SPORT
GRACHTEN-, TREENE-, EIDERFAHRTEN
Günther Schröder | Am Markt 17 | Tel. 04881/73 65 | www.grachtenschiffahrt.de | Fahrt 7,50 Euro

AUSKUNFT
TOURIST-INFORMATION FRIEDRICHSTADT
Am Markt 9 | 25840 Friedrichstadt | Tel. 04881/939 30 | www.friedrichstadt.de

GARDING
[118 C4] In Garding (2700 Ew.), genau auf halber Strecke zwischen Tönning und St. Peter-Ording, führen alle Wege zum Marktplatz. Hier bieten seit über 400 Jahren jeden Dienstag Händler ihre Waren an. Im Zentrum des Treibens, auf dem höchsten Fleck Erde

MARCO POLO HIGHLIGHTS

★ **Westerhever Leuchtturm**
Hier oben sagen Paare ja (Seite 62)

★ **Roter Hauburg**
Museum und Gaststätte unter dem riesigen Reetdach (Seite 64)

★ **Friedrichstadt**
Ein Hauch von Holland: Grachten und Giebelhäuser (Seite 56)

★ **Multimar Wattforum**
An Land unter Wasser gucken (Seite 63)

ST. PETER-ORDING

der Stadt, steht die St.-Christians-Kirche. Ihr massiver Turm, alle Giebel überragend, wirkt, als wolle er die kleinen Häuser rund um die Kirche behüten. 1590 erhielt Garding, mit Käse zu Reichtum gekommen, zusammen mit Tönning das Stadtrecht.

■ SEHENSWERTES
ST.-CHRISTIANS-KIRCHE
Die im 12. Jh. errichtete Kirche wurde im 15. Jh. umgebaut zu einer zweischiffigen Hallenkirche. Die Orgel (1512) besitzt den ältesten Orgelprospekt Norddeutschlands. *Markt 4*

THEODOR-MOMMSEN-GEDÄCHTNISSTÄTTE
Insider Tipp

Das älteste Haus der Stadt, das Alte Diakonat am Kirchplatz, ist das Geburtshaus des Rechtswissenschaftlers und bedeutenden Historikers Theodor Mommsen (1817–1903). 1902 wurde Mommsen als erster Deutscher für seine Schriften zur römischen Geschichte mit dem Nobelpreis für Literatur ausgezeichnet. Im Haus ist eine kleine Gedenkausstellung eingerichtet. *Besichtigung nach Vereinbarung | Eintritt frei | Am Markt 5 | Tel. 04862/172 67*

■ ESSEN & TRINKEN
KERLINS KUPFERPFANNE
Ungewöhnlich, aber durchaus köstlich: 20 verschiedene Schweizer-Rösti-Gerichte. *Tgl. | Fischerstr. 1 | Tel. 04862/256 | €€*

■ ÜBERNACHTEN
GARDINGER HOF
Schlichtes, freundliches Hotel mitten im Ort. *5 Zi. | Süderstr. 52 | Tel. 04862/257 | www.gardinger-hof.de | €*

■ STRAND
VOLLERWIEK
Grüner Badestrand, 4 km südlich von Garding.

■ AUSKUNFT
TOURISMUSZENTRALE GARDING
Am Markt 26 | 25836 Garding | Tel. 04862/469 | www.tz-eiderstedt.de, www.garding-nordsee.de

■ ZIEL IN DER UMGEBUNG
TETENBÜLL [118 C4]
6 km nordöstlich von Garding liegt das Eiderstedter Bilderbuchdorf: inmitten von grünem Land, Schafe und Haubarge drum herum. Im *Haus Peters* wird man in die gute alte Zeit versetzt. *Insider Tipp* Der ehemalige Kaufmannsladen aus dem Jahre 1820 ist die älteste erhaltene dörfliche „Hökerei" in Schleswig-Holstein. Zu sehen gibt es Küchengeräte und Ladenzubehör von einst, kaufen kann man Kunsthandwerk aus Glas und Keramik. *März–Mitte Jan. Di–So 14–18 Uhr | Dörpstraat 16 | Eintritt frei | www.museen-sh.de*

ST. PETER-ORDING

KARTE IN DER HINTEREN UMSCHLAGKLAPPE

[118 A–B 4–5] **St. Peter-Ording ist die Sandkiste der Nordseeküste. 12 km Strand, da ist genug Platz für die 200 000 Strandläufer, die es hier jährlich ans Wasser drängt.** Und laufen müssen Sie am Westzipfel Eiderstedts. Der Strand ist breit, der Weg zum Wasser weit. Im Ortsteil St. Peter-Bad pilgern Sie über 1000 m Holzplanken, bis Sie

> www.marcopolo.de/nordseekueste-sh

EIDERSTEDT

Sand und Wasser unter die Füße bekommen. Da ist der Fahrradsteg zum Ordinger Strand eine echte Alternative. In Ording und Böhl dürfen Sie faul und Umweltsünder sein: Vom 1. Mai bis 31. Okt. ist es hier erlaubt, mit Sack und Pack im Auto über den Strand zu fahren (Parkplakette 4,50 Euro/Tag). Haben Sie ein Herz für die Umwelt, jedoch müde Füße, dann chauffiert Sie ein Bus-Shuttle zu Ihren Badeplatz. Außerdem locken ein 350 ha großer Kiefernwald zum Wandern und eine schwefelhaltige Solequelle – St. Peter-Ording ist Nordseeheilbad.

Aus vier Ortsteilen ist St. Peter-Ording (4500 Ew.) zusammengewachsen: Im *Dorf* heißt es shoppen und schlemmen. Im alten Ortskern gibt es zig Restaurants und Boutiquen. In *St. Peter-Bad* befinden sich die Kurverwaltung und das Wellenbad mit Dünensauna und Therme. Seit der Neugestaltung der Promenade heißt es hier flanieren, ausruhen, entspannen, den Blick schweifen lassen. Nach Sonnenuntergang tauchen extra für St. Peter-Ording entworfene Leuchten und Gasfackeln die Promenade in heimeliges Licht.

Sportlicher geht es in *Ording* zu: Dort treffen sich Surfer und Strandsegler, werden Mann und Frau (erlaubt) nahtlos braun. In *St. Peter-Böhl* ist es eher beschaulich, dieser Ortsteil konnte sich seinen bäuerlichen Ursprung halbwegs bewahren.

■ SEHENSWERTES

EIDERSTEDTER HEIMATMUSEUM [U D5]

In dem reetgedeckten friesischen Bauernhaus aus dem 18. Jh. gibt es Möbel, Keramik, Silber und Glas aus

Lang und breit: Am Strand von St. Peter-Ording findet jeder sein Plätzchen

ST. PETER-ORDING

drei Jahrhunderten Eiderstedter Lebens zu sehen. *März–Okt. Di–Sa 10–17, So 10–13 Uhr, Nov.–Feb. Di–Sa 15–17, So 10–12 Uhr | Eintritt 5,50 Euro | Ohlsdorfer Str. 6 | www.museum-landschaft-eiderstedt.de*

KIRCHE ST. PETER [U D5]
Der um 1200 errichtete Backsteinbau mit dem kleinen Turm ist heute Zentrum des Ortsteils St. Peter-Dorf. Die Kirche wurde im 19. Jh. renoviert. Der Altar (um 1500) ist der älteste Schnitzaltar Eiderstedts.

PFAHLBAU-RESTAURANTS
Die Pfahlbauten – ursprünglich an fünf Stellen des Strandes als Umkleidekabinen gebaut – sind die charakteristischen Symbole St. Peter-Ordings. Sie haben nur in der Saison (März–Okt.) geöffnet. Bis zu 8 m über dem Sand bzw. Wasser kann man hier in die Weite träumen. Wer sichergehen und trockenen Fußes zurück aufs Festland will, schaut vorher in den Gezeitenkalender.

ESSEN & TRINKEN

ARCHE NOAH [U A5]
Größtes und höchstes Pfahlbaurestaurant; auf der Sonnenterrasse gibt es Kaffee, Kuchen und warme Speisen. Über einen Holzsteg gelangt man äußerlich trocken wieder an Land. *Tgl. | Auf der Sandbank | St. Peter-Bad | Tel. 04863/81 10 | €€*

DORIS STRANDCAFÉ ▶▶ [U A4] *Inside Tipp*
Deftige norddeutsche Gerichte im Pfahlbau. *Tgl. | Am Ordinger Strand | Tel. 04863/15 33 | €€*

GAMBRINUS [U B5]
Regionale Küche, die bei schönem Wetter im Blumengarten auf die Tische kommt. *Mo geschl. | Strandweg 4 | Tel. 04863/29 77 | €€–€€€*

VIVALDI [U C5]
Sehr feine Speisen der klassischen französisch-mediterranen Küche, die in exklusiver Atmosphäre serviert werden. Im noblen Hotel Vier Jahreszeiten. *Mo, Di geschl. | Friedrich-Hebbel-Str. 2 | Tel. 04863/70 10 | www.hotelvierjahreszeiten.de | €€€*

WANLIK-HÜS [U D5]
In friesischem Ambiente können Sie köstliche Fisch- und Lammspezialitäten genießen. Gute Weinkarte. *Mi geschl. (im Sommer tgl.) | Dorfstr. 27 | Tel. 04863/30 30 | €€–€€€*

>LOW BUDGET

> Schlechtes Wetter? Rettung für Eltern, Spaß für Kinder: Basteln, backen, zaubern, auf der Hüpfburg toben, ins Bällebad rutschen. Wo? Im alten *Feuerwehrhaus (Dorfstr. 57)* in St. Peter-Ording ist der Eintritt frei.

> Gymnastik am Strand, auf brauner Haut Bilder malen, den Piratenschatz suchen, Spiele zum Kennenlernen – Gratis-Action gibt es täglich am weiten Strand von St. Peter-Ording. Genaueres weiß die Tourismuszentrale. Die Teilnahme ist kostenlos.

> Im *Nordsee-Fitness-Park* von St. Peter-Ording atmen Sie Brandungs-, Dünen- und Waldluft. Für die 15 km Strecke haben Sie die Wahl: Wandern, Walken, Nordic-Walking oder Joggen – umsonst und draußen. *www.nordsee-fitness-park.de*

EIDERSTEDT

Oasen hoch überm Strand: Die Pfahlbau-Restaurants sind die Wahrzeichen St. Peter-Ordings

■ EINKAUFEN

BERNSTEINMUSEUM [U D5]
Natur- und kulturgeschichtliche Ausstellung über das „Gold des Nordens". Außerdem gibt es hier eine Bernsteinschleiferei und Schmuck aus diesem Harz. *Werkstattführung: Mo 17 Uhr, Museumsführung: Mi 17 Uhr, Laden: Mo–Fr 9.30–13 u. 14.30–18.30, Sa 9.30–13, So 11–18 Uhr | Dorfstr. 15*

KOOG-HUS [118 B4]
Alles, was das Schaf hergibt: Fleisch, Wurst, Käse, Felle, Wolle. *Tgl. 10–18 Uhr | Tümlauer Chaussee 12*

■ ÜBERNACHTEN

HOTEL CHRISTIANA [U C5]
Kleines Hotel garni in einer Jugendstilvilla mit 10 Zimmern. Das Frühstück wird im Wintergarten serviert. *Im Bad 79 | Tel. 04863/90 20 | www.hotel-christiana.de | €–€€*

KÖLFHAMM-HOTEL [U A4]
Gut geführtes Haus in Ording gleich hinter dem Deich. *25 Zi. | Kölfhamm 6 | Tel. 04863/99 50 | www.koelfhamm.de | €€*

LANDHAUS AN DE DÜN [U C5]
Edles Hotel im eleganten Kurhausstil. Schönes Schwimmbad, Thalassobereich. *15 Zi. | Im Bad 63 | Tel. 04863/960 60 | www.hotel-landhaus.de | €€–€€€*

STRAND GUT RESORT 🔊 [U B5]
Sicher das coolste Hotel in St. Peter-Ording, wobei cool hier kühl nahekommt. Das Design der 100 Zimmer ist minimalistisch, hell, jung, die Lage des Hotels kaum zu überbieten. Mit Bistrorestaurant *Deichkind* (€€). *Am Kurbad 2 | Tel. 04863/999 90 | www.strandgut-resort.de | €€€*

■ FREIZEIT & SPORT

DÜNEN-THERME [U B5]
Wellenbad mit allerlei Wasserspielen, ☼ Saunabereich mit Meerblick, Dampfbad. *April–Okt. Mo–Sa 9.30–22, So 10–19 Uhr, Nov.–März Mo–Sa 14–22, So 10–19 Uhr | Maleens Knoll | www.duenentherme.de*

TÖNNING

GOLF DEICHGRAFENHOF [118 B4]
Golf für jedermann. *An der B 202 zwischen Tating und St. Peter | Tel. 04863/95 50 60*

■ AUSKUNFT
TOURIST-SERVICE-CENTER [U D5]
Maleens Knoll 2 | 25826 St. Peter-Ording | Tel. 04863/99 90 | www.st.peter-ording.de

■ ZIEL IN DER UMGEBUNG
WESTERHEVER LEUCHTTURM ★ ☼ [118 B4]
Der rot-weiße Turm mit den beiden Wärterhäuschen am Fuß ist 37 m hoch, inklusive der Warft, auf der er steht, sogar 41,5 m. Er wurde 1907 auf einem Fundament aus Baumstämmen errichtet, um ein Absacken zu verhindern. Der Turm (10 km nördlich von St. Peter) kann nach Absprache *(Tel. 04865/12 06)* oder Anmeldung bei der Tourismuszentrale Eiderstedt besichtigt werden. Für Paare, die hier oben einander Ja sagen möchten, führen 140 Stufen in den Ehehimmel. Ob es Glück bringt? Wer weiß. *Informationen: Tourismuszentrale Eiderstedt | Garding | Tel. 04862/469*

TÖNNING
[119 D5] **Wollen Sie das alte Tönning entdecken, fahren Sie zum Hafen. Er ist der schönste an der Nordseeküste und zeugt von einstiger wirtschaftlicher Blüte.**
Tönnings Lage an der Eidermündung sorgte für Wohlstand. Getreide, Käse und Wolle wurden hier im 17. und 18. Jh. umgeschlagen, Vieh nach England verschifft. Ende des 19. Jhs. fiel die Hafenstadt, nicht zuletzt durch den Bau des Kaiser-Wilhelm-Kanals, in einen Dornröschenschlaf, jedoch ohne Schloss. Dies war im Zuge der dänischen Belagerung im 18. Jh. abgerissen worden; geblieben ist der Park. Wachgeküsst vom Tourismus, ist Tönning (5000 Ew.) heute ein beliebter Urlaubsort.

Hinter gläsernen Wänden warten die Wunder des Wattenmeeres: Multimar Wattforum

EIDERSTEDT

SEHENSWERTES

MARKTPLATZ
Rund um den Sandsteinbrunnen von 1613, aus dem man noch vor wenigen Jahrzehnten Wasser schöpfte, zeugen ein paar wenige Giebelhäuser vom einstigen Reichtum Tönnings. Im Norden des Platzes überragt der 62 m hohe, 1706 errichtete Barockturm der St.-Laurentius-Kirche die Stadt. Ältester Teil des Kirchenschiffs ist die Nordmauer aus dem 12. Jh. Im Inneren gibt u. a. Deckenmalereien des 17. Jhs. zu sehen.

MULTIMAR WATTFORUM ★
Dem Katzenhai ins Maul schauen, dem Wattwurm in seine Wohnröhre folgen, Quallen schweben sehen und Deichgraf spielen: seinen Deich bauen, um das Hinterland vor Fluten zu schützen. Das *Multimar Wattforum* ist einzigartig an der Nordseeküste und viel mehr als ein Museum. Aquarien wie Kino erleben: 36 m² misst die Panoramascheibe des größten der 30 Aquarien. Montags und freitags jeweils um 15 Uhr kann man einem Taucher bei der Fütterung der Fische in diesem 250 000 l fassenden Domizil zuschauen. Star im Wattforum ist ein Pottwal, 1997 vor der dänischen Insel Rømø gestrandet, 45 t schwer und zum Zeitpunkt seines Todes etwa 30 Jahre alt. Sein 18 m langes Skelett hängt an Drahtseilen unter der Decke im extra gebauten Walhaus. Hier kann man dem Riesen Auge in Auge gegenüberstehen. *April–Okt. tgl. 9–19, Nov.–März 10–17 Uhr | Eintritt 8 Euro | Am Robbenberg | www.multimar-wattforum.de*

PACKHAUS
Auf der 4000 m² großen Fläche des imposanten dreistöckigen Gebäudes von 1783 wurden Rinder und Schafe zusammengetrieben, bevor sie verschifft wurden; Waren aus dem ganzen Land wurden hier auf die Reise geschickt. Heute wird hier unter anderem die Ausstellung „Tönning im Wandel der Zeit" gezeigt *(Mai–Sept. Di–So 14.30–17.30 Uhr | Eintritt 1,50 Euro). Am Eiderdeich/Hafen*

ESSEN & TRINKEN ÜBERNACHTEN

SCHANKWIRTSCHAFT ANDRESEN [118 C5]
Insider Tipp

300 Jahre alter Gasthof hinter dem Deich in Katingsiel, etwa 9 km südwestlich von Tönning. Hausgebackener Kuchen, kleine Gerichte. *Tgl. | Katingsiel | Tel. 04862/370 | www.schankwirt.de | €–€€*

STRANDHOTEL FERNSICHT
Solides Haus direkt an der Eider. Restaurant mit friesischen Gerichten

TÖNNING

und regionalen Spezialitäten. *45 Zi. | Strandweg 3 | Tel. 04861/475 | www. strandhotel-fernsicht.de | €–€€*

GODEWIND
Stilvolles Hotel direkt am Hafen mit Sonnenterrasse, Wintergarten, Sauna. Restaurant mit Fischspezialitäten (Mo geschl.). *6 Zi. | Am Hafen 23 | Tel. 04861/66 00 | www.hotel-godewind.info | €€*

HOTEL MIRAMAR
Das Vier-Sterne-Hotel zählt zu den elegantesten Häusern an der Küste. Die Zimmer sind edel ausgestattet, die meisten haben Balkon oder Terrasse. Gutes Restaurant. *34 Zi. | Westerstr. 21 | Tel. 04861/90 90 | www. miramar-hotel.de | €€€*

■ EINKAUFEN ■
KRABBEN UND FISCH GMBH
Krabben, Räucherfisch und Salate frisch am Hafen. *Mo–Fr 8–18, Sa 8–13 Uhr | Am Eiderdeich 12*

■ FREIZEIT & SPORT ■
MEERWASSER-FREIBAD
Draußen warm (23 Grad) baden; drinnen saunen. *Mai–Sept. tgl. 10–19 Uhr | Strandweg*

■ AUSKUNFT ■
TOURIST-INFORMATION
Am Markt 1 | 25832 Tönning | Tel. 04861/614 20 | www.toenning.de

■ ZIELE IN DER UMGEBUNG ■
EIDERSPERRWERK [118 C5]
Für Urlauber ist das Eidersperrwerk, 9 km südwestlich von Tönning, vor allem eine Abkürzung auf dem Weg von Hamburg nach St. Peter-Ording. Wer nicht über Tönning fahren möchte, fährt ab Heide Richtung Wesselburen über den *Eiderdamm* und durch den 263 m langen Tunnel des Sperrwerks – ohne zu ahnen, was sich rund um den Tunnel tut.

Sind unter der Autoröhre die fünf Schotten von je 40 m Breite „dicht", wird die Nordsee bei einer Sturmflut ausgesperrt. Das Hochwasser bleibt draußen; die Flüsse Eider und Treene behalten trotz Flut ihre normalen Pegel. Setzt die nächste Ebbe ein, werden die Schotten geöffnet und das (Regen-)Wasser aus dem Binnenland kann über Treene und Eider in die Nordsee fließen. Bei normalem Wetter bleiben die Sieltore offen, und der Tidestrom kann das Sperrwerk ungehindert passieren: bis zu 30 Mio. m^3 Wasser rauschen dann hier durch. Vor dem Bau des 4,8 km langen Eiderdamms mit dem Sperrwerk (1967–73) wurde die Mündung des Flusses regelmäßig überflutet, und die ins Land drängenden Wassermassen stauten Eider und Treene. Damit ist seit 1973 Schluss: Seitdem die Nordsee ausgesperrt ist, verwandelte sich eine Hälfte der Eidermündung in einen Koog, das *Katinger Watt*.

ROTER HAUBARG ★ [119 D3]
Von Süden – also von Tönning – kommend, müssen Sie durch das 10 km nördlich liegende Witzwort hindurchfahren, nach 3 km und einer scharfen Rechtskurve erreichen Sie den *Adolfskoog*. Und dann können Sie ihn sehen – den schönsten und stattlichsten Haubarg Eiderstedts, einen mächtigen Hof (750 m^2 Grundfläche) mit einer riesigen Reethaube, versteckt hinter dem Wind trotzen-

> *www.marcopolo.de/nordseekueste-sh*

EIDERSTEDT

den Bäumen. Nur rot ist er nicht. Nun, das war einmal, im 17. Jh., als die roten Backsteinmauern noch unverputzt waren. Inzwischen sind die Außenwände weiß getüncht.

Die mächtigen Höfe auf Eiderstedt sind einzigartig. Die Idee: alles unter einem Dach. Kernstück eines Haubargs ist der „Vierkant". Vier mächtige Eichenpfähle, die auf Findlingen im Erdreich stehen, tragen das wuchtige, bis zu 20 m hohe Reetdach. In diesem Vierkant wurde das Heu „geborgen" (daher Haubarg), drum herum wurde das Getreide gedroschen, das Vieh versorgt, die Arbeitspferde gehalten; und im Südteil, auf der Sonnenseite, lebte die Familie. Vor 200 Jahren gab es auf Eiderstedt 400 Haubarge. Heute stehen noch ca. 50.

Wie einst die Besucher des Bauern müssen auch Sie durch die Diele. Schauen Sie mal ans Deckengebälk – hier nisten Schwalbenfamilien. Wollen Sie sich erst mal stärken, dann bekommen Sie im Südteil, wo einst die Herrschaft wohnte, delikate Spezialitäten und köstliche Kuchen serviert *(tgl. | Tel. 04864/845 | €–€€)*. Sind Sie neugierig auf das, was sich unter der Haube verbirgt, führt eine unscheinbare Tür in den Vierkant. Heute beherbergt dieser Wirtschaftsteil des Roten Haubargs ein *Museum*, in dem es all das zu sehen gibt, womit die Haubargbauern einst ihren Acker bestellten und ihr Vieh versorgten. *www.roter-haubarg.de*

SEEHUNDBÄNKE [118 B6]

Ab Tönning oder ab dem Eidersperrwerk werden Schiffstouren zu verschiedenen Seehundsbänken angeboten mit der „Adler II"; Fahrtdauer ab Tönning ca. 2,5 Std., ab Sperrwerk ca. 1,5 Std. *Fahrt 14 Euro | Reederei Adler Schiffe | Tel. 04842/90 00-0 | www.adler-schiffe.de*

Strahlt in schmuckem Weiß: der berühmte „Rote Haubarg"

> BAUERNLAND UND GRÜNER STRAND

Kohl, Küste, Krabbenfänger und sagenhafte Geschichten vom Krieg der stolzen Bauern

> Der Blick auf die Landkarte weckt Erwartungen: Nordseeküste von der Elbe bis zur Eidermündung. Wer hier jedoch das Gestade ansteuert, Strand und Nordseewellen erhofft, gar mit Badehose und Handtuch den Deich erklimmt, wird sich fragen: Wo bitte ist das Meer?

Hinter dem Deich erstrecken sich Landgewinnungsfelder, Watt und irgendwo weit draußen, unerreichbar für ein erfrischendes Bad, die Nordsee. Der kürzeste Weg ins Wasser führt in Dithmarschen über Büsum, das Ballungsgebiet der Badegäste. Ist der Sand auch von Baggerschaufeln aufgeschüttet, hier gibt es all das, was das Symbol „Strandbad" auf der Landkarte verspricht.

Wer sich nicht den lieben langen Tag am Strand räkeln mag, sondern das Land entdecken will und etwas über die kämpferischen Bauern erfahren möchte, der sollte die Nordseeküste auch mal links liegen lassen

Bild: Grünkohlfeld

DITHMARSCHEN

und entlang der B 5 die Städte Meldorf, Hemmingstedt und Heide besuchen. Hier wurde Dithmarscher Geschichte geschrieben. Im 16. Jh. zeigten hier 6000 Dithmarscher dem Dänenkönig Johann, was eine Harke ist. Und das im wahrsten Sinn des Wortes, denn über andere Waffen verfügten die Ackermänner nicht. Sie lockten das 12 000 Mann starke Dänenheer auf die einzige passierbare Straße, öffneten die Sieltore, und der Feind wurde von den Fluten in die Flucht geschlagen. Auf der *Dusendüwelswarf* (Tausendteufelswarft) zwischen Meldorf und Heide erinnert ein Denkmal an die Schlacht.

Aufregendes über das gegenwärtige Leben, ja Überleben an der Küste spürt man hautnah in der Büsumer *Sturmflutwelt Blanker Hans.* Bedrohten Seehundbabys wird in Friedrichskoog geholfen. Die dortige *Seehundstation* ist das Waisen-

BRUNSBÜTTEL

haus für die Heuler. Hier werden sie wieder fit gemacht und auf das wilde Leben in der Nordsee vorbereitet.

BRUNSBÜTTEL

[120–121 C–D5] Brunsbüttel hat zwei Gesichter: Westlich vom Nord-Ostsee-Kanal der alte Dorfkern Brunsbüttel mit Fachwerkhäusern aus dem 18. Jh., dem Kirchplatz und der 1679 erbauten Jakobuskirche. Östlich des Kanals erstreckt sich Brunsbüttelkoog, ein riesiges Industrieareal mit Chemiefabriken und dem Atomkraftwerk. Dorf und Industrie wurden 1969 zur Stadt Brunsbüttel (14 000 Ew.) zusammengeschlossen. Als Ein- bzw. Ausfahrt des Nord-Ostsee-Kanals ist die Schleusenanlage Brunsbüttels Touristenattraktion.

■ SEHENSWERTES

BRUNSBÜTTELER SCHLEUSEN ⭐ ❄

Von einer Aussichtsplattform aus lässt sich das Schleusen dicker Pötte beobachten. Wann welches Schiff die Schleusen passiert, erfahren Sie unter *Infotel. 04852/88 51 22*. Im *Atrium*, dem Museum, sind Schiffs- und Schleusenmodelle zu sehen, und hier

Besonders beliebt während der Kreuzfahrtsaison: „Shipspotting" am Nord-Ostsee-Kanal

sind Entstehung und Geschichte des Nord-Ostsee-Kanals dokumentiert. *Plattform tgl. von Sonnenauf- bis Sonnenuntergang, Atrium Mitte März–Mitte Nov. tgl. 10.30–17 Uhr | Eintritt 2 Euro | Gustav-Mayer-Platz*

HEIMATMUSEUM BRUNSBÜTTEL

In dem 1905 erbauten ehemaligen Rathaus geben Bilder, Karten, Fotos, Kunst- und Gebrauchsgegenstände

> *www.marcopolo.de/nordseekueste-sh*

DITHMARSCHEN

einen Einblick in das Leben von einst. Hier erfährt man alles über die Geschichte Brunsbüttels. *April–Sept. Di–Do, Sa, So 14–17, Mi auch 10–12 Uhr, Okt.–März Di–Do 14–17 Uhr | Eintritt frei | Am Markt 4 | www.brunsbuettel/museum/home.htm*

MATHIAS-BOIE-HAUS

Das 1779 als Amtssitz des Pastors errichtete, nach dem Vogt Mathias Boie (1600–53) benannte Haus zählt zu den schönsten Fachwerk- und Bürgerhäusern des Landes. Heute ist es das Gemeindehaus der ev.-luth. Kirchengemeinde. *Am Markt 12*

NORD-OSTSEE-KANAL

Die Wirtschaftswege rechts und links des Kanals laden ein zu einem Spaziergang, einer Fahrradtour; oder Sie setzen sich auf eine Bank, „gucken Schiffe" und träumen von der großen, weiten Welt.

Nach über 100 Jahren seines Bestehens (Eröffnung 21. Juni 1895) wirkt der Kanal mit den üppigen Uferböschungen wie ein Stück Natur. Nichts weist darauf hin, dass hier einst 7500 Arbeiter, vorwiegend nur mit Spaten ausgerüstet, 80 Mio. m^3 Erde bewegt haben. War er 1895 66 m breit, misst er heute 162 m. In Dithmarschen liegt seine Wasseroberfläche deutlich über den angrenzenden Marschen; der Wasserlauf wird in dieser tief liegenden Landschaft von Dämmen begrenzt. So scheinen die 43 000 Schiffe, die jährlich den Kanal passieren – aus der Ferne gesehen –, über das Land zu gleiten. Wenn im Mai die Saison der Traumschiffe beginnt, ziehen die weißen, nicht selten acht Stockwerke hohen Kreuzfahrtriesen wie Wohnhäuser durch die grüne Landschaft.

6,5–8,5 Stunden dauert die knapp 99 km lange Passage von den Schleusen in Brunsbüttel bis nach Kiel-Holtenau, der Ausfahrt in die Ostsee. Im Land dürfen die Kapitäne nur mit halber Kraft schippern; die zulässige Höchstgeschwindigkeit liegt bei 15 km/h, führen sie schneller, würden Sog und Wellenschlag Bett und Böschung des 11 m tiefen Kanals beschädigen. Geht es auch nur langsam voran, früher, als es den Kanal noch nicht gab, mussten die Seeleute um Skagen segeln – ein Umweg von 250 Seemeilen. *www.wsv.de/wsa-bb*

■ ESSEN & TRINKEN

STRANDHALLE

Mittags und am Abend Fischgerichte; am Nachmittag Kaffee und Kuchen. In der Strandhalle isst man

MARCO POLO HIGHLIGHTS

★ **Seehundstation Friedrichskoog**
Hilfe für Heuler und mehr
(Seite 73)

★ **Windenergiepark Westküste**
Alles dreht sich hier um den Wind
(Seite 74)

★ **Brunsbütteler Schleusen**
Am Westende des Kanals müssen die dicken Pötte durch (Seite 68)

★ **Kutterhafen**
Kutter gucken, Krabben pulen und der Geruch des Meeres (Seite 73)

BÜSUM

mit Aussicht auf Elbe und dicke Pötte. *Tgl. | Deichstr. 25 | Tel. 04852/ 66 00 | www.strandhalle-brunsbuettel.de | €–€€*

ZUM YACHTHAFEN
Schlemmen mit Blick auf die Schleusenanlage. Spezialität: Krabbengerichte. Kuriosum: die Hunde-Speisekarte. *Tgl. | Kreystr. 1 | Tel. 04852/ 23 06 | €€–€€€*

AM ABEND
ELBEFORUM BRUNSBÜTTEL
Theater, Konzert, Musical, Oper, Operette, Kabarett – Kultur wird in Brunsbüttel im Elbeforum geboten. *Von-Humboldt-Platz 5 | Info-Tel. 04852/540 00 | Theater- u. Konzertkasse: Mo–Fr 10–12.30 Uhr, Di, Do auch 16–17.30 Uhr | Tel. 04852/ 54 00 54 | www.elbeforum.de*

AUSKUNFT
TOURISTINFORMATION
Am Markt 4 | 25541 Brunsbüttel | Tel. 04852/91 77 | www.brunsbuettel.de

ZIELE IN DER UMGEBUNG
KUDEN [121 D4]
Das Dorf Kuden (650 Ew.) liegt 10 km nordöstlich von Brunsbüttel an der Kante zwischen sandiger Geest und fruchtbarer Marsch. Einst verlief hier die Küstenlinie der Nordsee. Im Dorfkern stehen gut erhaltene Bauernhöfe aus dem 18. und 19. Jh. Unter dem Gebälk der *Dithmarscher Schatulle*, eines 1792 erbauten Bauernhauses, werden Kuchen und Torten gebacken und deftige Brote serviert *(So 11–14 Uhr und n. V. | Norderende 14 | Tel. 04825/400 | www. dithmarscher-schatulle.de)*. Unweit des Dorfes liegt der *Kudensee*, mit 80 ha der größte See in Dithmarschen. Er ist Mittelpunkt eines Vogelschutzgebiets und Rastplatz zahlreicher Zugvögel.

MARNE [120 C4]
Noch im 18. Jh. lag Marne (6100 Ew.) direkt am Meer. Im Zuge der Eindeichung und Landgewinnung verlor Marne den Hafen und wurde zu einer Kleinstadt im Binnenland, 12 km nordwestlich von Brunsbüttel. Leider ist von dem historischen Charme nur wenig geblieben. Erinnerungen an die alten Zeiten weckt der alte Kirchhof der *Maria-Magdalenen-Kirche*. Blickfang ist die Fassade der *Sonnenapotheke*, in der bereits 1755 Pillen gedreht und Säfte gebraut wurden. Eine Skatrunde, bestehend aus Apotheker, Kaufmann und Brauereibesitzer, schuf 1873 den Grundstock für das Heimatmuseum *Marner Skatclub*. Verwahrt werden hier Möbel, Trachten und Raritäten aus der Region *(Di–Fr 15–17, So 10– 12 Uhr | Eintritt 2 Euro | Museumstr. 2)*. Touristinformation Marne: *Deichstr. 2 | Tel. 04851/95 76 86 | www.marne.de*

BÜSUM
[120 B2] **Strandräuber sollen die Vorfahren gewesen sein – im 15. Jh., als Büsum noch eine Insel war. Mit dem Festland zusammengewachsen, ist ihren Nachfahren zumindest der Sinn fürs Geschäft geblieben.** In der Fußgängerzone locken unzählige Kneipen, Diskotheken, Eisbuden, Boutiquen und Souvenirläden. Während der Sommermonate gleicht Büsum (5000 Ew.)

> *www.marcopolo.de/nordseekueste-sh*

DITHMARSCHEN

einem Jahrmarkt. Gäste schieben sich durch die Gassen. Der 3,5 km lange grüne Strand ist übersät mit 3000 bunten Strandkörben. Von der Beschaulichkeit des ältesten Seebades Dithmarschens (seit 1837) keine Spur. Da bei Ebbe das Baden in Büsum unmöglich ist, nehmen die zumeist älteren Gäste dann mit einer Wattwanderung vorlieb. Die Jungen treffen sich in der *Perlebucht,* einer aufgeschütteten Sandbank mit einem Badesee.

SEHENSWERTES

HAFEN UND LEUCHTTURM

Der Büsumer ist nach Friedrichskoog der zweitgrößte Kutterhafen an der Westküste Schleswig-Holsteins. Der nicht besonders hohe (25 m) Leuchtturm leuchtet den Krabbenkuttern seit 1913 heim.

INFO-ZENTRUM NATIONALPARK

Interessantes und Wissenswertes über Naturschutz und Wattenmeer. Große Satellitenaufnahmen zeigen das Wechselspiel von Ebbe und Flut. Attraktion ist ein drehbarer „Wattwürfel", mit dem man, ohne zu graben, in den Wattboden blicken kann. *Im ehemaligen Schleusenhaus an der Hafeneinfahrt | Mitte März–Okt. tgl. 9.30–16.30 Uhr, Nov.–Mitte März Mo–Fr 10–14, So 11–15 Uhr | Tel. 04834/63 75*

MUSEUM AM MEER

Insider Tipp

Hier kann jeder mal Krabbenkapitän sein, das Ruder in die Hand nehmen und alles über den harten Alltag der Küstenfischer erfahren. *Di–Fr 10–17, Sa 13–17, So 11–17 Uhr | Eintritt 2,50 Euro | Am Fischereihafen 19 | www.museum-am-meer.de*

Büsum: Hinter dem grünen Strand weist der rot-weiße Leuchtturm den Fischern den Weg

BÜSUM

STURMFLUTWELT BLANKER HANS
Erlebniscenter zum Thema Sturmflut mit virtueller Zeitreise in das Jahr der Flutkatastrophe 1962 und interaktivem Bereich. Zeitzeugenberichte und Filme dokumentieren die Gewalt des „Blanken Hans". Mit Restaurant. *Tgl. 10–18 Uhr | Eintritt 10 Euro | Dr.-Martin-Bahr-Str. (direkt an der B 203) | www.blanker-hans.de*

ESSEN & TRINKEN
BÜSUMER PESEL
Café und Restaurant im Kurgastzentrum. Herrlicher Blick auf die Nordsee. *Tgl. | Südstrand 15 | Tel. 04834/ 10 40 | €–€€*

ZUM FISCHKÖNIG *(Insider Tipp)*
Der Name hält, was er verspricht: leckere, frische Fischgerichte. *Tgl. | Hohenzollernstr. 18 | Tel. 04834/ 96 59 55 | €–€€*

ZUR ALTEN POST
Traditionslokal mit hervorragender regionaler Küche, Spezialität: Krabbengerichte. Man isst in einer originalen Bauernstube. *Tgl. | Hafenstr. 2 | Tel. 04834/951 00 | €€–€€€*

EINKAUFEN
Wochenmarkt immer *Di 7–14, Fr 7–12 Uhr | Feuerwehrhauptmann-Lindemann-Platz*

ÜBERNACHTEN
HOTEL FRIESENHOF
4-Sterne-Hotel direkt hinter dem Deich. Die meisten Zimmer mit Meerblick. Sauna, Fitnessbereich. *44 Zi., 1 Suite | Nordseestr. 66 | Tel. 04834/95 51 20 | Fax 81 08 | www.friesenhof-buesum.de | €€€*

ZUR ALTEN APOTHEKE
Kleines, gepflegtes Hotel im Zentrum. Mit Garten. *17 Zi. | Hafenstr. 10 | Tel. 04834/96 53 96 | Fax 965 39 39 | www.hotel-zur-alten-apotheke.de | €€*

ZUR ALTEN POST
Hotel im Zentrum, direkt bei der St.-Clemens-Kirche. Mit gutem Restaurant. *46 Zi. | Hafenstr. 2 | Tel. 04834/ 951 00 | Fax 49 44 | www.zur-alten-post-buesum.de | €€*

FREIZEIT & SPORT
PIRATENMEER
Wellenbad, Außenbecken, eine 110 m lange Wasserrutsche, Sauna, Dampfbad und einen Strand – all das gibt es im Büsumer Spaßbad. *April–Okt. Mo–Sa 9.30–22, So 10–19 Uhr, Nov.–März Mo–Sa 14–22, So 10–19 Uhr | Eintritt: 2 Std. 9 Euro | Südstrand 9 | www.piratenmeer.de*

AM ABEND
ALLEESTRASSE
Büsums Flaniermeile mit Restaurants und Kneipen.

BIERSALON
Pubatmosphäre, englisches Bier vom Fass. Auch Glücksspieltempel und Internetpoint. *Alleestr. 36 | www.biersalon.de*

IM VERSTECK ▶▶
Szenelokal. Man trifft sich bei Gisela. *Nur Fr, Sa und vor Feiertagen | Hohenzollernstr. 4*

OCTOPUS
Hier trifft sich das junge Büsum, auch Einheimische. *Bahnhofstr. 25a*

> *www.marcopolo.de/nordseekueste-sh*

DITHMARSCHEN

■ AUSKUNFT
KURVERWALTUNG BÜSUM
Südstrand 11 | 25761 Büsum | Tel. 04834/90 90 | www.buesum.de

FRIEDRICHS-KOOG

[120 B4] **Zwei Möglichkeiten bietet Friedrichskoog (2400 Ew.): frischen Fisch und grünen Strand. Der Hafen ist der größte an der Nordseeküste.** Hier gibt es Krabben frisch vom Kutter. *Friedrichskoog-Spitze* heißt das Strandbad, das 5 km vom Hafen entfernt ist. Wer sich an den sogenannten Strand legt, liegt auf der grünen Wiese, und bei Ebbe ist das Wasser weit. In dem noch jungen Seebad wurden in den letzten Jahren Apartments und eine Ladenzeile gebaut. Diese Ferienanlage mitten in der Marsch direkt am Deich hat wenig Charmantes. Doch da die Kutterflotte schrumpft, der Nachwuchs nicht mehr raus auf See will, setzt man auf den Tourismus.

■ SEHENSWERTES
KUTTERHAFEN ★

Ist der Hafen voll, liegen hier über 30 Kutter. Wer das Ein- und Auslaufen der Kutter und das Anlanden des Fangs erleben will, sollte vorher in den Gezeitenkalender gucken. Die Kutter kommen und gehen bei Hochwasser. Drückt zudem der Ostwind das Wasser hinaus ins offene Meer, bleibt das Hafenbecken leer. Fischer, die am Hafenkiosk beieinander stehen, wissen, wann es im Hafen etwas zu sehen gibt. In den Sommermonaten finden hier regelmäßig Fischmärkte statt.

SEEHUNDSTATION FRIEDRICHSKOOG ★

Hier werden Heuler – junge Seehunde –, die mutterlos gefunden wurden, aufgepäppelt, bis sie so weit sind, sich selbst ernähren zu können – dann werden sie in die Freiheit entlassen. Besucher können sich in der Station über das Leben der Robben

Dieser Seehund ist eine Kegelrobbe

und Wale informieren, Seehunde bei der Fütterung beobachten, Felle und Knochen anfassen und sich die Rufe der Heuler anhören. Wer noch mehr wissen will, für den gibt es ein umfangreiches Angebot. *März–Okt. tgl. 9–18 Uhr, Fütterung 10.30, 14, 17.30 Uhr; Nov., Dez. tgl. 10–17.30 Uhr, Fütterung 10.30 u. 16 Uhr; Jan., Feb. tgl. 10–16 Uhr, Fütterung 10.30 u. 14 Uhr | Eintritt 5 Euro | An der Schleuse 4 | Tel. 04854/13 72 | www.seehundstation-friedrichskoog.de*

■ ESSEN & TRINKEN
FISCHHAUS STÜHRK

In der gefliesten Fischbratküche oder draußen auf der Bank gibt es alles,

FRIEDRICHSKOOG

was die Kutter gerade frisch angelandet haben: kalt auf Brötchen, gebraten, gekocht oder geräuchert. *Tgl. | am Hafen | Tel. 04854/217 | www.stuehrk.de | €*

AM ABEND
HOCHZEITSMÜHLE VERGISSMEINNICHT
Windmühle von 1860, Veranstaltungsort für Konzerte und Lesungen (Info-Tel. 04854/15 06). Für alle, die auf außergewöhnliche Weise Ja sagen wollen: Hier befindet sich die Außenstelle des Standesamts Friedrichskoog. *Koogstr. 90 | www.hochzeitsmuehle.de*

FREIZEIT & SPORT
FONTAMAR
Kur- und Wellnesszentrum mit Meerwasserthermalbad (32 Grad warme Sole aus eigener Bohrung, Whirlpool, Wasserfall, Dampfbad. *Kur- und Wellnesszentrum: Mo–Fr 8–18, Sa 9–13 Uhr | Meerwasserthermalbad: Öffnungszeiten bei der Kurverwaltung erfragen | Eintritt 5 Euro | Schulstr. West 14 | www.fontamar.de*

STRANDBAD FRIEDRICHSKOOG-SPITZE
Bewachter Badestrand, Hundestrand und FKK-Strand; Strandkorbvermietung.

AUSKUNFT
KURVERWALTUNG FRIEDRICHSKOOG
Koogstr. 141 | 25718 Friedrichskoog | Tel 04854/90 49 40 | www.friedrichskoog.de

ZIEL IN DER UMGEBUNG
WINDENERGIEPARK WESTKÜSTE  [120 B4]
Wie wird Wind zu Strom? Wie funktionieren die Windmühlen? Im *Informationszentrum Kaiser-Wilhelm-Koog* – 8 km südlich von Friedrichskoog – gibt es Antworten anhand von Videovorführungen und anschaulichen Modellen. *April–Sept. tgl. 10–17 Uhr | Sommerdeich 14a | Kaiser-Wilhelm-Koog | Info-Tel. 04856/519*

> SEEHUNDE
Der Mensch kann zum Verhängnis werden

Seehunde sind die tierische Attraktion im Wattenmeer. Tauchen sie auf, ist der Mensch fasziniert, ja gerührt. Der runde Kopf, die dunklen Knopfaugen, solch einen Liebling möchte Mensch schon mal aus der Nähe sehen. Und genau das kann den Tieren zum Verhängnis werden. Die Sandbänke sind die Refugien der Seehunde, hier wollen sie ihre Ruhe haben – besonders im Sommer. In diese Zeit fallen Geburt und Aufzucht der Jungen, Haarwechsel und Paarung. Aufgescheucht – durch Lärm oder von neugierigen Touristen – leiden die Tiere unter Stress und werden dadurch anfälliger gegenüber Infektionskrankheiten. Verwaist ein Jungtier, weil die Mutter gestört wurde oder die Strömung Mutter und Kind getrennt hat, reagiert es nahezu menschlich: Es heult. Entdecken Sie solch einen Heuler, berühren Sie ihn auf keinen Fall, die Mutter würde ihr Junges nie wieder annehmen. Am besten, Sie informieren die Seehundstation *(Tel. 04854/13 72)* oder die Polizei.

DITHMARSCHEN

Diese begehbare Gondel ist nur eine der Attraktionen im Windenergiepark Westküste

HEIDE

[118–119 C–D 1–2] **Wo einst die Mächtigen Dithmarschens debattierten, stellen die Bürger heute ihre Autos ab.** Der Marktplatz, mit einer Fläche von mehr als 4 ha der größte in Deutschland, ist die Urzelle der Dithmarscher Kreisstadt. Das Areal wurde im 15. Jh. für politische Versammlungen mitten „in der Heyde" abgesteckt. Zu dieser Zeit setzte sich Heide (20 700 Ew.) als politisches Zentrum gegenüber Meldorf durch.

Parken Sie auf dem Markt und bummeln durch die *Friedrichstraße* (Einkaufs- und Fußgängerzone) in den Altstadtteil Lüttenheid, dann wandeln Sie auf den Spuren der Familie Brahms und des Dichters Klaus Groth.

■ SEHENSWERTES

BRAHMSHAUS

Hier wurde Johann Jacob Brahms, der Vater des berühmten Komponisten, geboren. Die Ausstellung „Johannes Brahms – Norddeutsche Wurzeln und Bindungen" gibt einen Einblick in das Leben der Familie. *April, Mai, Okt. Di, Do, Fr 14.30–16.30, Sa 10.30–12.30 Uhr; Juni–Sept. Di, Do, Fr 10.30–12.30 u. 14.30–16.30 Uhr; Sa 10.30–12.30 Uhr | Eintritt 1.50 Euro | Lüttenheid 34*

MUSEUMSINSEL LÜTTENHEID

Gleich zwei Museen liegen hier in der Altstadt in bequemer Entfernung voneinander. *Di–Do, So 11.30–17, Fr 11.30–14, Sa 14–17 Uhr | Eintritt 2,50 Euro | Lüttenheid 40*

Das *Klaus-Groth-Museum* ist das Geburtshaus des Dichters. Hier verlebte der Dichter, der die plattdeutsche Sprache literaturwürdig werden ließ, seine Kindheit und Jugend. Die Räume samt Einrichtung im Giebelhaus, erbaut 1796, sind im ursprünglichen Zustand belassen worden.

Im *Heider Heimatmuseum* befindet sich eine Sammlung zur Stadtgeschichte sowie zur Vor- und Frühgeschichte Dithmarschens. Dank moderner Computer- und Videotechnik wird hier die Steinzeit lebendig.

Insider Tipp

HEIDE

ST.-JÜRGEN-KIRCHE
Die Grundmauern stammen aus dem 15. Jh. Nach einem Brand 1559 wurde das Kirchenschiff erneuert, Ende des 17. Jhs. nochmals erweitert. Im Inneren entspricht St. Jürgen eher einer bescheidenen Dorfkirche, jedoch mit einem prunkvollen Barockaltar und einem sehenswerten Altarbild von 1515. *Marktplatz*

ESSEN & TRINKEN
AM KAMIN
Dithmarscher Spezialitäten im *Hotel Kotthaus (17 Zi. | €€)*. Reservierung empfehlenswert. *Tgl.* | *Rüsdorfer Str. 3* | *Tel. 0481/850 98 45* | €€

CAFÉ IM ALTEN PASTORAT
Draußen sitzen, gemütlich frühstücken, am Nachmittag Kuchen und Torten (eigene Herstellung) schlemmen. *So geschl.* | *Markt 28* | *Tel. 0481/421 42 48* | €

CAFÉ REIMERS
Frühstück, köstliches Gebäck und gehaltvolle Torten. *Tgl.* | *Friedrichstr. 33* | *Tel. 0481/68 30 30* | €

Dörfliche Kirche mit interessantem Stilmix: St. Jürgen in Heide

EINKAUFEN
Jeden Samstag besuchenswerter, großer Bauern-Wochenmarkt auf dem Marktplatz.

ÜBERNACHTEN
RINGHOTEL BERLIN
Hotel im Landhausstil. Idyllisch gelegen mit Blick auf Pferdekoppeln. Beauty- und Wellnessabteilung, Restaurant *Österegg*. *70 Zi.* | *Österstr. 18* | *Tel. 0481/854 50* | *www.hotel-berlin.com* | €€€

> *www.marcopolo.de/nordseekueste-sh*

DITHMARSCHEN

■ AUSKUNFT

TOURISMUSINFORMATION HEIDE
Markt 28 | 25746 Heide | Tel. 0481/ 212 21 60 | www.heide-nordsee.de

■ ZIELE IN DER UMGEBUNG

ALBERSDORF [121 E2]
Dieses ehemalige Kurbad (7500 Ew.), 13 km südöstlich von Heide, lockt mit zwei Attraktionen: Wäldern und archäologischen Fundstücken. Zu sehen im ▶▶ „AÖZA" am südlichen Ortsrand: Das *Archäologisch-Ökologische Zentrum Albersdorf* ist ein „Naturerlebnisraum" mit Wanderwegen, einem Steinzeitpark und einem rekonstruierten Steinzeitdorf *(Dorf nur März–Okt. So 14–17 Uhr | Eintritt 2,50 Euro | Info-Tel. 04835/ 95 02 03 | www.aoeza.de)*. Fundstücke aus der Eisen- und Bronzezeit gibt es im *Museum für Archäologie und Ökologie Dithmarschen* zu sehen *(Di–Fr 10.30–17, So 11–17 Uhr | Eintritt 2 Euro | Bahnhofstr. 29 | www.museum-albersdorf.de)*.

HEMMINGSTEDT [120 C2]
Hier, 5 km südlich von Heide, erinnert eine historische Förderpumpe, auch Pferdekopf genannt, an das Jahr 1856, als ein Bauer beim Brunnengraben auf schwarzes Gold stieß. Die Ölförderpumpe war bis 1989 in Betrieb; bis zur Stilllegung des Ölfelds Heide 1991 wurden hier insgesamt 2,5 Mio. t Erdöl gefördert. Heute bekommt die *Raffinerie* in Hemmingstedt (3000 Ew.) das Öl per Pipeline aus Brunsbüttel.

Der Denkmal-Findling auf der *Dusenddüwelswarf* (B 5 Richtung Meldorf; der Ausschilderung folgen) ist Symbol für den historischen Sieg der Dithmarscher über die Dänen am 17. Feb. 1500.

LUNDEN [119 D4]
In diesem Ort (5100 Ew.), 17 km nördlich von Heide, erzählt der sogenannte *Geschlechterfriedhof* die Geschichte Dithmarschens. Unter den liegenden Sandstein-Gruftplatten ruhen die Vorfahren der mächtigen und einflussreichen Bauerngeschlechter. Aufrecht steht der Stein von Peter Swyn (1480–1537). Er kämpfte siegreich in der Schlacht von Hemmingstedt, warb für die Abschaffung der Blutrache und wurde deshalb von einem rivalisierenden Dithmarscher Geschlecht ermordet. Der Grabstein zeigt die Mordszene.

Insider Tipp

Im *NaTour Centrum Lunden* erfahren die Besucher im „Moor-Raum" allerlei über die Tier- und Pflanzenwelt der Umgebung. Zu sehen gibt es auch eine alte Landarztpraxis, eine Druckerei und eine Schusterwerkstatt. Draußen kann man im Bauerngarten zwischen Blumen- und Kräuterbeeten verschnaufen oder auf einem Rundkurs in der Nähe u. a. den „Moorlilienwald" erkunden. *Do 14–16 Uhr und n. V. | Eintritt 3 Euro | Wilhelmstr. 18 | Tel. 04882/55 45 | www.natourcentrum-lunden.de*

WESSELBUREN [120 B1]
10 km in Richtung Eidersperrwerk liegt der Geburtsort (3100 Ew.) von Friedrich Hebbel (1813–63). In dem Haus, in dem der junge Hebbel einst als Laufbursche und später als Schreiber des Kirchspielvogts diente, befindet sich heute das *Hebbelmuseum*. In historisch eingerichteten

MELDORF

Räumen und einer umfangreichen Bibliothek erfahren die Besucher alles über Leben und Werk des deutschen Dramatikers. *Mai–Okt. Di–Fr 10–12 u. 14–17, Sa, So 10–12 u. 15–17 Uhr oder n. V. | Tel. 04833/41 90 | Eintritt 2 Euro | Österstr. 6 | www. hebbel-museum.de*

MELDORF

[120 C3] **Das grün oxydierte Kupferdach und der Turm überragen alles in der Marschlandschaft.** Die Meldorfer Kirche – auf Grund ihrer Größe auch Dom genannt, obwohl es hier nie einen Bischof gab – gilt als der bedeutendste gotische Kirchenbau zwischen Hamburg und dem dänischen Ribe. Am Fuß des Doms, in der Enge der schmalen, kopfsteingepflasterten Gassen, ist das Flair der einstigen und einzigen mittelalterlichen Stadt Dithmarschens noch zu spüren.

Mussten die Meldorfer im Lauf der Geschichte zunehmend Macht und Einfluss an die heutige Kreisstadt Heide abgeben, so sind sie heute froh, denn sie wissen: Durch den Machtverlust ist Meldorf (7700 Ew.) einer Sanierung mit der Abrissbirne entgangen. Pläne dafür gab es.

>LOW BUDGET

> Sich seinen ausgesuchten Rohbernstein selbst zu einem Schmuckstück schleifen. Das geht im *Büsumer Bernstein-Kontor*, für 6 Euro pro Stein. Termine bitte telefonisch erfragen! *Schmiedestr. 5 | Tel. 04834/23 45 | www.bernsteinschleifer.de*
> In der *Dithmarscher Wasserwelt* das ganze Jahr im warmen Nass (30 Grad) planschen. *Eintritt (für den ganzen Tag!) 6 Euro | Landvogt-Johannsen-Str. 61 | Heide | www.dithmarscher-wasserwelt.de*
> Freien Eintritt haben Groß und Klein auf dem *Eselhof Kristen.* Kutschfahrten kosten 3,50 Euro. *Ostern–Okt. Di–So 13–18 Uhr | Vierthweg 1 | Krumstedt | Tel. 04830/95 01 46 | www.eselhof-kristen.de*

■ SEHENSWERTES

DITHMARSCHER LANDESMUSEUM *Insider Tip*
So war das damals! Originalgetreu eingerichtete Räume lassen die alten Zeiten wieder aufleben: Ein Postamt, der Bahnhof, die Schule, ein Friseursalon, der Kaufladen, das Kino, beim Zahnarzt, ja sogar einen Operationssaal gibt es hier zu sehen. *Ostern–Okt. Mo–Fr 10–16.30, Sa, So 11–16 Uhr, Nov.–Ostern Di–Fr 10–16, So 11–16 Uhr | Eintritt 3 Euro | Bütjestr. 2–4 | www.landesmuseum-dithmarschen.de*

MELDORFER DOM

Die St.-Johannis-Kirche wurde zwischen 1250 und 1300 erbaut. Bereits ab dem 9. Jh. standen an gleicher Stelle Kirchen, von denen die Mission Dithmarschens und der Westküste ausging. Im 19. Jh. erhielt der „Dom" einen neuen Turm, und die Außenfassade wurde neugotisch aufgemauert. Innen ist die Gotik echt. Gewaltige Kuppeln, so hoch und breit wie die des Ratzeburger Doms, überspannen den Innenraum der dreischiffigen Backsteinbasilika. Die mittelalterlichen Gewölbemalereien mit Motiven aus der Schöpfungsgeschichte wurden 1992 aufwendig res-

DITHMARSCHEN

tauriert. St. Johannis wird auch für Konzerte klassischer Musik und für Lesungen genutzt. *Mo–Fr 10–12 u. 14–16, Sa 10–12 Uhr | sonn- u. feiertags Gottesdienst 10 Uhr | www.kirche-meldorf.de*

ESSEN & TRINKEN
BRASSERIE & RESTAURANT V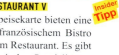
Mobiliar und Speisekarte bieten eine Mischung aus französischem Bistro und italienischem Restaurant. Es gibt aber auch heimische Spezialitäten.

Haarspray-Duft: Frisiersalon aus den Fünfzigerjahren im Dithmarscher Landesmuseum

SCHLESWIG-HOLSTEINISCHES LANDWIRTSCHAFTSMUSEUM
Landleben während der Industrialisierung: Mähdrescher, Traktoren, eine Dithmarscher Sauerkrautfabrik. Zum Vergleich: ein komplett eingerichtetes Dithmarscher Bauernhaus des 17./18. Jhs. mit Stube, Küche, Stall und Milchkeller – eine Zeit, als Landarbeit überwiegend Handarbeit war. *April–Okt. Di–Fr 9–17, Sa, So 11–17 Uhr, Nov.–März Di–Fr 9–17, So 11–17 Uhr | Eintritt 3 Euro | Jungfernstieg 4 | www.museum-sh.de*

Gute Weine und günstiger, abwechslungsreicher Mittagstisch. *Tgl. | Klosterstr. 4 | Tel. 04832/60 14 80 | www.restaurant-v.de | €€–€€€*

DOM CAFÉ
Gemütliches Café mit Gemälden, Grafiken und Aquarellen von Künstlern aus der Umgebung. Kaffeespezialitäten, über 20 Teesorten, köstliche Kuchen und Torten aus eigener Herstellung; auch Mittagstisch. *Tgl. | Südermarkt 4 | Tel. 04832/34 44 | www.domcafemeldorf.de | €*

MELDORF

NEUE HOLLÄNDEREI
Kaffee, Kuchen und kleine Speisen neben dem Landwirtschaftsmuseum. Im ersten Stock wechselnde Ausstellungen. *Mo, Sa geschl. | Jungfernstieg 4 | Tel. 04832/ 97 93 90 | €*

■ EINKAUFEN

DOMGOLDSCHMIEDE
Insider Tipp

Traditionsreiche Gold- und Silberschmiede mit sehenswerter Mineraliensammlung. Fachmännische Beratung und exklusive Sonderanfertigungen. *Mo–Fr 9–12 u. 14–18, Sa 9–12 Uhr | Nordermarkt 9 | www.domgoldschmiede.de*

HANDWEBEREI
Gardinen, Kissen, Läufer, Kostüme aus Baumwolle, Kammgarn oder Schurwolle handgewebt nach Ihren Farb- und Musterwünschen. *Mo–Do 8–16, Fr 8–13 Uhr | Papenstr. 2*

STRANDKÖRBE
Insider Tipp

Das Urlaubsgefühl mit nach Hause nehmen: Die *Perspektive Meldorf* fertigt Strandkörbe für Balkon oder Terrasse. Kostenpunkt: ab 600 Euro. Wer nur gucken möchten – es werden auch Werkstattführungen angeboten. *Eescher Weg 67 | Tel. 04832/ 99 96 62 | www.pm-strandkorb.de*

WOCHENMARKT
Buntes Treiben auf dem Südermarkt am Fuß von St. Johannis. *April–Sept. Fr 7–13, Okt.–März Fr 8–13 Uhr*

■ ÜBERNACHTEN

HOTEL ZUR LINDE
Behagliches Hotel mit bekannt guter Küche, vor allem Fisch und Spezialitäten wie der „original Dithmarscher Mehlbeutel". *17 Zi. | Südermarkt 1 | Tel. 04832/959 50 | www.linde-meldorf.de | €€*

> BÜCHER & FILME
Es gibt nicht nur Theodor Storms „Der Schimmelreiter"

> **Tod in der Marsch, Vom Himmel hoch** und **Todeshaus am Deich** – Unterhaltsame Urlaubskrimis von Hannes Nygaard mit Charakteren und Schauplätzen der Küste.

> **Deutschstunde** – Der Roman von Siegfried Lenz ist Gesellschaftskritik und zugleich eine Liebeserklärung an die Nordseeküste. Verfilmt 1971 von Peter Beauvais für die ARD und seit 2008 als Teil der „Siegfried-Lenz-Box" als DVD erhältlich.

> **Das große Nordfriesland-Buch** – Für das Urlaubsgepäck unhandlich, doch umfassend ist dieses gut bebilderte Werk von Thomas Steensen.

> **Das Findelkind vom Watt** und **Hilfe! Mein Gefieder ist voll Öl** – Spannende Geschichten für junge Leser von Dieuwke Winsemius.

> **Die Schimmelreiter** – Nein, dieser Film (2008) von Lars Jessen hat wenig mit Theodor Storm zu tun. Es geht um zwei Typen (Peter Jordan und Axel Prahl), die in ihrer Hassliebe zur Nordseeküste nur eines wollen: fort in die Stadt. Oder vielleicht doch nicht?

> **Gegen den Wind** – TV-Serie der 90er-Jahre; Liebes-Surfer-Familien-Schmonzette; Schauplatz: St. Peter-Ording. Alle Folgen als DVD.

DITHMARSCHEN

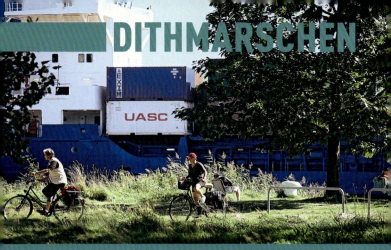

Am Nord-Ostsee-Kanal – hier beim Fähranleger Burg – kommt man Schiffen zum Greifen nah

FREIZEIT & SPORT

RADAUSFLÜGE
Mit dem Rad durch Dithmarschen zum Eidersperrwerk. *April–Okt. Di 10 Uhr | Anmeldung und Treffpunkt: Tourist und Service Center*

RUNDFAHRTEN
Mit dem Bus durch die „Freie Bauernrepublik Dithmarschen", durch Köge und Kohlanbaugebiete. Besichtigung verschiedener Museen, Kirchen und der einzigen Sauerkrautfabrik Schleswig-Holsteins. *Informationen im Tourist und Service Center*

STADTFÜHRUNGEN
Amtliches und Anekdoten erzählen die Stadtführer während eines Rundgangs (1,5 Stunden) durch die Stadt. *Mai–Okt. Di 14.30 Uhr | Treffpunkt: Tourist und Service Center*

AUSKUNFT

TOURIST UND SERVICE CENTER
Nordermarkt 10 | 25704 Meldorf | Tel. 04832/978 00 | www.meldorf-tourismus.de

ZIEL IN DER UMGEBUNG

BURG [121 D4]
Auf dem Geestrücken liegt der Luftkurort Burg (4400 Ew.), 19 km südlich von Meldorf, ganz nah am Nord-Ostsee-Kanal (Kanalfähranleger „Burg"). Vom 21 m hohen Aussichtsturm des *Waldmuseums (April–Okt. Di–So 10–12 u. 14–17 Uhr | Eintritt 2 Euro | Obere Waldstraße | www.waldmuseum.de)* hat man einen fantastischen Ausblick über Dithmarschen bis zur Elbmündung.

Die Sattler- und die Tischlerwerkstatt, eine Zahnarztpraxis, der Kolonialwarenladen und der Friseursalon aus vergangenen Jahrhunderten wurden im *Burger Heimatmuseum* liebevoll rekonstruiert. Attraktion ist die vollständig erhaltene Landapotheke (Insider Tipp) aus dem Jahr 1839. *Mai–Okt. Di, Fr–So 14.30–16.30 Uhr | Eintritt 2,50 Euro | Große Mühlenstr. 6*

Im Sommer werden auf der Burger Au Fahrten mit Spreewaldkähnen angeboten. Infos beim *Touristikbüro Burg | Holzmarkt 7 | Tel. 04825/93 05 18 | www.kahnschiffergilde.de*

80 | 81

> VIELFÄLTIGES LEBEN
Wenn das Wasser verschwindet, dann kommt das Wunder Watt zum Vorschein

> **Das Wasser ist fort. Bis zum Horizont Matsch, gewellt, gerippt, hier und da ein Rinnsal. Die Ebene scheint endlos, glitzert in Grau- und Brauntönen. Am Himmel kreischen Möwen, Austernfischer trippeln durch Pfützen, stochern mit dem Schnabel in den Wasserlachen. Es herrscht Ebbe. Die Nordsee hat sich kilometerweit zurückgezogen; geblieben ist das Wattenmeer.**

Doch was ist das? Meeresboden oder zeitweise überspültes Land? Experten erklären es so: Watt ist das Übergangsgebiet vom festen Land zum Meer, das bei Flut überströmt wird und bei Ebbe „trockenfällt". Bis zu 20 km breit und 450 km lang erstreckt sich diese einzigartige Landschaft entlang der Nordseeküste, von den Niederlanden bis hinauf nach Dänemark.

1985 wurde das Nationalparkgesetz verabschiedet, das das gesamte schleswig-holsteinische Wattenmeer

Bild: Silbermöwen auf Hallig Langeneß

VOR DEM DEICH

unter Schutz stellt. Ein Jahr später wurde der Nationalpark Niedersächsisches Wattenmeer eingerichtet, 1990 folgte dann Hamburg mit seinem Teil des Wattenmeeres. Diese Schutzmaßnahme war dringend notwendig, denn was die Nordsee alle sechs Stunden freilegt und dann wieder überflutet, ist ein empfindliches, einzigartiges Ökosystem. Je nach Beschaffenheit des Bodens leben hier bis zu 10000 Tiere auf einem Quadratmeter; Tiere, die sich dem ständigen Wechsel von Wasser und Luft anpassen müssen. Zudem ist das Wattenmeer Laichplatz und Kinderstube vieler Fischarten und Nahrungslieferant für zahlreiche Vögel.

Diese artenreiche Welt wird von Industrie und Landwirtschaft, aber auch von Urlaubern bedroht. Deshalb ist ein Großteil der Nationalparks für Touristen tabu. Dennoch dürfen Unkundige, für die die Nordsee ohne

Wasser nur „Matsch" ist, diese Welt entdecken – ja, sie sollen verstehen, warum das Wattenmeer kostbar ist. Das ist das Anliegen der Mitarbeiter zahlreicher Informationszentren entlang der Nordseeküste. Hier bekommen Watt-Entdecker Informationen, wo sie sich Pflanzen und Tieren jenhaben empfindliche Pflanzen kaum eine Chance. Durch Vertritt und Verbiss – so nennt es der Fachmann – wird die Flora der Salzwiesen eintönig. Um die Vielfalt zu erhalten, dürfen Schafe an der Nordseeküste nur noch auf etwa der Hälfte der Salzwiesen weiden. Mit den kurz gehalte-

Charakterpflanze der Küste: Auf den Salzwiesen blüht von Juli bis Oktober die Strandaster

seits des Deichs nähern dürfen, wie sie sich verhalten sollen und was unter ihren Füßen lebt, während sie sich in den „Matsch" wagen.

ZWISCHEN DEICH UND WATT

GESALZENE PFLANZEN

Auf den ersten Blick ist vor dem Deich alles gleich – schlichtes Grün bis zum Schlick. Grasen auf den Wiesen Schafe, mag dieser Eindruck stimmen. Denn wo Böcke, Schafe und Lämmer das Gras kurz halten, nen und festgetretenen Grassoden dieser Wiesen werden schadhafte Deichflächen ausgebessert.

Lässt man die Salzwiese „ins Kraut schießen", blühen dort unter anderem die Strandaster, die Strandkamille, der Andel oder Strandwermut, die hübsche rosa Strandnelke, der rosa-violette Strandflieder und das Englische Löffelkraut (schön zu sehen in den Sommermonaten entlang der *Naturlehrpfade* in *Schobüll,* im *Westerhever-Vorland* und auf dem Weg zur *Hamburger Hallig*).

> *www.marcopolo.de/nordseekueste-sh*

VOR DEM DEICH

All diese Pflanzen werden mehrmals im Jahr „gesalzen": vom Nordseewasser überflutet. Nun ist es bei den Pflanzen nicht anders als beim Menschen: Salz ist lebensnotwendig, zu viel Salz schadet. Bei allen Pflanzen vor dem Deich hat es die Natur so eingerichtet, dass das überschüssige Salz neutralisiert wird oder Blätter mit gespeichertem Salz abfallen.

Der Pionier auf der Salzwiese ist der Queller; diese fleischige Pflanze keimt sogar, wenn sie reichlich gesalzen wird. Und so steht sie an vorderster Front der Salzwiese – 30 cm unter der mittleren Hochwasserlinie (Pionierzone) wurzelt und wächst sie sogar im Schlick. Wird der Queller im Jahr zirka 700-mal überflutet, wird die sogenannte untere Salzwiese (sie liegt 25 cm über der mittleren Hochwasserlinie) mit Andel und Strandaster 200-mal und die obere Salzwiese (50 cm über dieser Linie) mit Strandflieder und Löffelkraut nur 50-mal von der Flut heimgesucht. Es mag verlockend sein, durch dieses Bunt von Blüten zu spazieren, doch bleiben Sie auf den Wegen und erleben Sie die Vielfalt der Flora entlang der ausgeschilderten *Naturlehrpfade*.

RASTPLATZ FÜR LANGSTRECKENFLIEGER

Sie überwintern im Süden, machen sich dann im Frühjahr auf den Weg zu ihren Brutgebieten hoch im Norden; sie fliegen Tausende Kilometer über Kontinente und rasten – auf dem Globus winzig – im Wattenmeer zwischen Esbjerg in Dänemark und Den Helder in den Niederlanden.

Ein eiliger Gast im Watt ist der Knutt. Dieser kleine Langstreckenflieger landet im Mai an der Nordseeküste. Hinter ihm liegt dann eine Flugstrecke von 11 000 km! Gestartet an der südafrikanischen Atlantikküste, flog er drei Tage nonstop 7000 km, landete in Mauretanien, stärkte sich, startete Richtung französische Atlantikküste, gönnte sich hier eine Woche Pause, flog die restlichen 1000 km an einem Tag und landete schließlich im Watt.

Hier trippelt er über den Schlick und frisst und frisst, nimmt pro Tag 4 g zu. Nach drei Wochen hat der Knutt genug. Gestärkt startet er Anfang Juni Richtung Sibirien. Vor ihm liegen 4300 km. Die absolviert er locker in zwei Tagen. Hoch im Norden heißt es nisten und brüten. Sind die Jungen nach drei Wochen geschlüpft, starten die Eltern bereits wieder Richtung Süden. Und im August frisst der Knutt wieder im Watt, für ein paar Tage …

Weniger eilig haben es die Nonnen- oder Weißwangengänse. Sie rasten während ihres Zuges zwischen Winterquartier und Brutgebiet meh-

MARCO POLO HIGHLIGHTS

★ **Hamburger Hallig**
Hallig mit Festlandanschluss (Seite 92)

★ **Katinger Watt**
Ein Watt mit Wald und Wiese (Seite 93)

★ **Wattführungen**
Was unter den Füßen krabbelt, erforschen, ganz viel frische Luft atmen und die unendliche Weite genießen (Seite 91)

84 | 85

rere Monate im Wattenmeer. Zu sehen sind die Gänse mit dem schwarzweiß gezeichneten Kopf u. a. im *Beltringharder Koog,* im *Westerhever-Vorland* und auf den Salzwiesen der *Hamburger Hallig.* Sind sie bei ihrer Ankunft im März recht schlank, haben sie sich bis zur Weiterreise Ende April ein stattliches Hinterteil angefressen – genug „Treibstoff" für ihren Flug in die russische Arktis, wo sie brüten. Auf ihrem Rückzug gen Süden Anfang Oktober landen sie wieder: Zwischenstation Wattenmeer. Einige bleiben den Winter über hier; die meisten ziehen weiter.

Ein treuer Gast im Wattenmeer ist auch die Ringelgans. War sie in den 50er-Jahren noch vom Aussterben bedroht, ist ihr Bestand mittlerweile erfreulich gewachsen und die Art gerettet. Landen Scharen von Gänsen zum Rasten auf den Halligweiden – jedes Frühjahr und jeden Herbst sind es um die 50 000 Tiere –, hinterlassen sie einen derartigen Kahlschlag, dass der Staat den Bauern eine Entschädigung zahlt.

> LOW BUDGET

> Wenn Sie die touristischen Orte meiden, ist das Abenteuer Nordseeküste entlang der schleswig-holsteinischen Nordseeküste kostenlos. Jedoch sollten Sie beim Überqueren des Deiches daran denken, dass Sie Naturschutzgebiet betreten: Schafe wie Brutvögel wollen ihre Ruhe haben. Und sind Sie dann allein mit Wind, Wellen und den leisen Geräuschen des Wattenmeers – dann ist das in jedem Fall unbezahlbar.

■ DAS WATT
MILLIONEN VÖGEL

Fällt das Watt trocken, bietet sich vielen Vögeln ein gefundenes Fressen. Wobei sie hier nicht lange suchen müssen; es gibt reichlich Nahrung: Sandhüpfer und Schlickkrebse, von denen es auf und unter der Oberfläche nur so wimmelt, dazu Muscheln, zurückgebliebene Garnelen und Strandkrabben, aber auch die unterirdisch lebenden Wattwürmer.

Tausende von Vögeln kommen ins schleswig-holsteinische Wattenmeer zum Balzen, Brüten, Mausern. Die Gesamtzahl der Brutpaare wird auf etwa 100 000 geschätzt. Zusätzlich landen im Frühjahr und Herbst über 2 Mio. Zugvögel in dieser Region, um sich hier für den Weiterflug ins Brutgebiet bzw. in ihr Winterquartier zu stärken.

Prominentester Küstenvogel ist die Silbermöwe. Ob im Hafen, am Strand, an Bord der Fähren: Wo etwas abfällt, die Allesfresser sind schon da. Im Wattenmeer stellen die Möwen Krebsen, Krabben und Muscheln nach, am Ufer vertilgen sie auch tote Fische, Tümmler und Seehunde. Einmal gepaart, bleiben sich Silbermöwen treu. Nur im Winter gehen die Gatten getrennt auf Nahrungssuche, im Frühjahr treffen sie sich wieder auf dem Brutplatz. Der auffällige rote Fleck am Schnabel ist für die jungen Möwen der „Futterknopf". Picken sie auf diesen Punkt, würgen die Eltern die geforderte Nahrung heraus. Das silbergraue Federkleid bekommt die Möwe erst nach vier Jahren; dann erst ist sie geschlechtsreif, mausert sich und verliert die braun gesprenkelten Federn.

VOR DEM DEICH

Zahlenmäßig wird die Silbermöwe von der Lachmöwe überflügelt. Sie trägt ihren Namen nicht, weil sie in den Lüften lacht. Vielmehr brütet diese Möwe auch an verschilften Seen, Teichen und eben Lachen. Während der Brutzeit ist die Lachmöwe leicht an ihrem schwarzbraunen Kopf zu erkennen. Ist diese Zeit vorbei, verlieren die Vögel das dunkle Kopfgefieder. Was bleibt, ist ein dunkler Fleck hinter dem Auge.

Großes Geschrei im Watt macht der Austernfischer. Auch mit seinem schwarz-weißen Gefieder und dem orangefarbenen Schnabel zieht er alle Blicke auf sich. Eines aber kann er nicht: Austern fischen. Um diese Muscheln zu knacken, müsste er schwimmen und tauchen können, was nicht seine Disziplinen sind. Im Watt, auf Wiesen und Feldern stochert er nach verborgenem Getier. Seine Brutzeit fängt Ende April an. Wird während dieser Periode das frei in einer Bodenmulde liegende Gelege gestört, beginnt er mit dem für ihn typischen Geschrei und warnt so seine Jungen, die sich dann regungslos an den Boden drücken; Eindringlinge ins Brutrevier werden von ihm mutig im Tiefflug attackiert.

Bei Ebbe wird Leben sichtbar: Strandschnecken und Blasentang im Schlickwatt

TRICKREICHE TIERE

Das Wasser kommt, das Wasser geht. Im Sechsstundentakt ändern sich im Watt die Lebensbedingungen. Für Tiere eigentlich kein lebensfreundliches Revier. Dennoch kribbelt und krabbelt es in Schlick und Sand.

Muscheln, Würmer, Schnecken und Garnelen haben sich dem Milieu angepasst. So lange es nass genug ist, grasen Schnecken den Wattboden nach Algen ab; wird es ihnen zu trocken, graben sie sich ein. Auch dem Wattwurm wird es schnell zu sonnig, dann vergräbt er sich in seiner 25 cm tiefen U-förmigen Wohnröhre. Dabei frisst er sich förmlich durch die Sedimente, scheidet sie aus und hinterlässt an der Oberfläche ein geringeltes Häufchen Schlick.

Auch Muscheln bleiben bei Ebbe lieber im Untergrund. Sie saugen mittels einer längeren Röhre den Wattboden nach feinsten Nahrungspartikeln ab. Droht Gefahr, wie etwa der Fuß eines Wattwanderers, wird die Röhre blitzschnell eingezogen, und ein winziger Wasserstrahl spritzt aus dem Sand. Kommt die Flut, graben die Muscheln sich wieder aus und lassen sich auf der Wasseroberfläche treiben. Nicht weniger trickreich passt sich die Miesmuschel dem Nass-Trocken-Rhythmus an. Sie bleibt, egal ob Ebbe oder Flut, wo sie lebt: auf der Muschelbank. Fällt diese trocken, macht sie dicht, verschließt die Schalen und stellt die Atmung ein, vermindert den Herzschlag und überlebt die Trockenperiode. Es sei denn, der Mensch „erntet" sie, was auf insgesamt 2000 ha Fläche im Nationalpark Wattenmeer erlaubt ist – an mehreren Stellen wurden künstliche Muschelbänke angelegt, um Miesmuscheln zu züchten.

NATIONALPARK

1985 war ein entscheidendes Jahr für die Nordseeküste Schleswig-Holsteins: Das Nationalparkgesetz wurde verabschiedet. Dieses Gesetz stellt das gesamte Wattenmeer unter Schutz, von der Landesgrenze im Norden bis zur Elbmündung. Es wurde so zum größten Nationalpark Mitteleuropas. Westlich, seewärts, ist der Nationalpark durch die Wattflächen und Sände begrenzt; binnen, landseitig, beginnt die Schutzzone 150 m vor dem Deich. Die Inseln und die fünf großen Halligen *Gröde, Langeneß, Oland, Nordstrandischmoor* und *Hooge* sind ausgenommen. Der Grund: Die Naturschutzauflagen würden für die Bewohner eine unzumutbare Beeinträchtigung ihres Lebens darstellen.

Im Gesetzestext „dient der Nationalpark dem Schutz und der natürlichen Entwicklung des schleswig-holsteinischen Wattenmeers und der Bewahrung seiner besonderen Eigenart, Schönheit und Ursprünglichkeit. Es ist ein möglichst ungestörter Ablauf der Naturvorgänge zu gewährleisten." Andererseits sieht das Gesetz vor, „unzumutbare Beeinträchtigungen der Interessen und herkömmlichen Nutzung der einheimischen Bevölkerung zu vermeiden". Ein Widerspruch? Jedenfalls wurde und wird noch heute eifrig gestritten. Den Naturschützern geht das Gesetz nicht weit genug, die Küstenbewohner fürchten um ihre Lebensgrundlage. So ist das Nationalparkgesetz letztendlich nichts anderes als ein Kompromiss mit dem Ergebnis, dass der Park in drei Schutzzonen mit unterschiedlichen Nutzungsmöglichkeiten eingeteilt wurde.

Die am rigorosesten geschützte Zone 1, ein Drittel der gesamten Fläche, ist selbst für Wattwanderer gesperrt. Es sind die wichtigsten Seehundbänke, die Brut-, Nahrungs- und Mauserplätze bedrohter Seevögel, wie z. B die Vogelschutzinseln *Blauort* und *Trischen,* sowie die Außen-

> *www.marcopolo.de/nordseekueste-sh*

VOR DEM DEICH

sande. Allerdings ist es den Fischern in dieser Zone nach wie vor gestattet, mit ihren Kuttern Fische zu fangen und Muscheln zu ernten. In anderen Zonen des Nationalparks gehen die Nutzungsrechte und Ausnahmeregelungen noch weiter. So wird im Dithmarscher Watt (Zone 3) Erdöl gefördert, dürfen anderswo Militärflugzeuge über den Nationalpark fliegen. So ist und bleibt die Gesetzgebung ein Balanceakt zwischen Naturschutz und -nutzung.

Ein neues Kapitel in der Geschichte des Wattenmeerschutzes könnte aufgeschlagen werden, falls im Sommer 2009 die Unesco den Nationalpark als Weltnaturerbe anerkennt, einen entsprechenden Antrag für ihre Nationalparks haben die Niederlande, Schleswig-Holstein und Niedersachsen eingebracht; Hamburg und Dänemark wollten sich dem Antrag nicht anschließen.

Das Wattenmeer zu schützen und eine ökologisch verträgliche Nutzung zu sichern, sind die Hauptaufgaben des Landesamts für den Nationalpark in Tönning; Auskünfte erteilen auch die anderen Infozentren:

Infozentrum Wiedingharde: Juni–Sept. Mo–Sa 9–16, So 10–12 Uhr, Okt.–Mai Mo–Sa 9–12 Uhr | Klanxbüll [116 C3] *| Toft 1 | Tel. 04668/313 | www.wiedingharder-infozentrum.de*

Naturzentrum Mittleres Nordfriesland: Mai–Okt. Mo–Sa 10–17 Uhr | Bredstedt [119 D1] *| Bahnhofstr. 23 | Tel. 04671/45 55 | www.naturzentrum-nf.de*

Nationalpark Schleswig-Holsteinisches Wattenmeer: Mo–Do 8–12 u.

Ruhezone im Wattenmeer: Seehunde sonnen sich auf einer Sandbank

13–16 Uhr, Fr 8–13 Uhr, Tönning [119 D5] | Schlossgarten 1 | Tel. 04861/61 60 | *www.wattenmeer-nationalpark.de*

NABU-Naturzentrum Katinger Watt: April–Okt. tgl. 10–18 Uhr | Katingsiel/Tönning | Tel. 04862/80 04 | *www.nabu-katinger-watt.de*

Schutzstation Wattenmeer: Di, Do 14–18, Sa, So 10–18 Uhr | Friedrichskoog [118 B4] | Am Hafen | Tel. 04854/92 98

■ IM WATT UNTERWEGS
PRIELE UND ANDERES

Wenn das Wasser weg ist, bleibt eine „Flusslandschaft": Wasserläufe und sogenannte Priele, in denen das Wasser in die breiten Wattströme fließt. Diese Ströme können 5 m und tiefer sein und sind zugleich die Fahrrinnen der Fähren. Auch die kleineren Priele führen bei Ebbe noch Wasser – in ihnen zu baden ist lebensgefährlich, da hier eine starke Strömung herrscht.

SCHLICK, SAND, SCHWARZE FÜSSE

Barfuß natürlich! Wer geht schon mit Schuhen oder gar Stiefeln ins Watt? Quillt der schwarze Schlick zwischen den Zehen, stechen Muschelsplitter, mag man sich Schuhwerk wünschen. Besser ist es, Sie gehen ohne. Es mag Ihnen niemand wünschen: Doch bleibt Ihr Schuh im Schlick stecken, stehen Sie da wie ein Storch im Watt. Was für eine Schweinerei! Und dass Sie in Ufernähe versacken, ist nichts Ungewöhnliches. Hier wird der Sand von dunkelblau-schwarzem Schlick überlagert, stellenweise knietief. Schlick ist ein wasserreiches Gemisch aus Ton und feinstem Sand und bleibt deshalb an Füßen und Waden haften.

Manch Wanderer guckt nach den ersten Metern im Watt etwas angeekelt und missmutig auf seine Füße. Keine Sorge, es wird besser. Denn je weiter Sie sich vom Ufer entfernen, umso fester wird der Boden. Das Schlickwatt geht dann über in das sogenannte Sandwatt. Hier gibt es kein Versacken mehr. Das Watt ist fest, und die Dynamik des Wassers und der Strömung hat Rippen in den Sand modelliert. Ein Spaziergang über diese Sandrippen ist zugleich eine

> GEH NIE ALLEIN!
Tipps zum richtigen Verhalten im Watt

– Niemals bei auflaufendem Wasser eine Wattwanderung antreten. Ideale Zeit: zwei Stunden vor Niedrigwasser.
– Wattwandern nur bei ruhigem Wetter und klarer Sicht. Vorhersagen beachten: Das Wetter kann schnell umschlagen.
– Bei Gewitter ist das Betreten des Wattenmeeres lebensgefährlich. Wasser und erhöhte Punkte ziehen Blitze an.
– Die Zeit für den Rückweg berechnen.

– Nie allein ins Watt gehen, nie ohne Uhr und Kenntnis der Hoch- und Niedrigwasserzeiten.
– Vor Beginn einer Wattwanderung sich unbedingt bei einer Person abmelden.
– Ein Kompass kann Leben retten.
– Geeignete Kleidung mitnehmen wegen der Gefahr des Sonnenbrands, Sonnenstichs oder der Auskühlung bei starkem Wind.

VOR DEM DEICH

wohltuende Massage für die nackten Füße. Und alles bleibt sauber! Zurück jedoch müssen Sie wieder durch die Schlickwattzone, und danach heißt es: Füße waschen.

WATTFÜHRUNGEN ⭐

An der Westküste gibt es etwa 100 Wattwanderführer. Eine Übersicht über Wanderungen und Erkundungen an der Nordseeküste erhalten Sie bei den folgenden Verbänden:

Nationalpark-Wattführerinnen und Wattführer (Touren an der gesamten Westküste, spezialisiert auf Gruppen): *Tel. 04861/616 70 | www. wattenmeer-nationalpark.de*

Schutzstation Wattenmeer (Führungen an der gesamten Westküste, viele Angebote für Kinder und Jugendliche): *Tel. 04331/236 22 | www. schutzstation-wattenmeer.de*

Anmeldung und Treffpunkte in Ihrer Urlaubsregion (Wanderziele und -zeiten sind, abhängig vom Gezeitenkalender, auf Holztafeln an folgenden Treffpunkten angeschlagen):

BÜSUM [120 B2]
Treffpunkt: Büsumer Sandstrand/Perlebucht an der Würfeluhr. *Anmeldung: Tel. 04834/90 91 19 u. 04834/36 05 | www.buesum-fuehrungen.de*

DAGEBÜLL [116 C5]
Treffpunkt: Touristinformation, Am Badedeich 1. *Anmeldung: Tel. 04667/466 (Birgit Andresen) u. 04668/920 00 (Boy Boysen) | www.wattwanderungen-halligerlebnis.de*

FRIEDRICHSKOOG [120 B4]
Treffpunkt: Zugang zum Hauptstrand. *Anmeldung: Tel. 04832/32 62

Am Strand von Büsum: Silbrig glänzt das Watt im Gegenlicht

(Jens Uwe Blender) | www.watterleben.de*

HUSUMER BUCHT [119 D–E3]
Termine und Treffpunkte nicht nur in der Husumer Bucht erfahren Sie im Nationalparkhaus Husum. *Anmeldung: Tel. 04841/66 85 30 | www. nationalparkhaus-husum.de*

NORDSTRAND [118–119 C-D 2-3]
Treffpunkt: Badestelle Fulehörn. *Anmeldung: Tel. 04842/90 30 93 (Thomas Kluge)* | *www.touristinfo-nordstrand.de*

ZIELE IM WATT
HAMBURGER HALLIG ★ [118 C1]

Wanderer schwärmen von der Hamburger Hallig. Die Entfernung vom Festland (4 km) sei genau die richtige Distanz für einen Fußmarsch über den Damm. Zwei Hamburger Kaufleute kauften im 17. Jh. das Vorland Alt-Nordstrands, Ursprungsgebiet der Hamburger Hallig. Nur wenige Jahre später wurde das fruchtbare Land von der „Großen Mandränke" (1634) zerstört. *Pellworm, Nordstrand, Nordstrandischmoor* und die *Hamburger Hallig* sind Überbleibsel dieser Katastrophe.

Ein Ausflug auf die Hallig ist eine Expedition in die Welt der Vögel, denn hier piept so ziemlich alles, was im Watt zu Hause ist. Im Frühjahr und Herbst fressen sich auf den Salzwiesen 30 000 Nonnengänse fett.

Etwa 60-mal im Jahr heißt es auf der Hallig „Land unter". Dann ist der Weg überflutet und gesperrt. Von Ostern bis Mitte Oktober ist der Damm auch für Autos befahrbar (eine gebührenpflichtige Schranke regelt den Verkehr), jedoch sind Kraftfahrzeuge im Naturschutzgebiet nicht gern gesehen.

Fußmüde Wanderer und erschöpfte Radfahrer können sich im *Hallig Krog* stärken. Für den Wirt war der 17. Mai 2002 ein Feiertag: An diesem Tag wurde im Krog der Schalter umgelegt – die Hamburger Hallig ging ans Netz, bekam als letzte der bewohnten Halligen Strom. Zuvor mussten die Lammfrikadellen auf dem Gasherd gebraten werden, Strom für Licht, Lüftung und Kläranlage erzeugte ein lästig brummender Dieselgenerator. Damit ist seit diesem „Feiertag" Schluss, die Gäste können nun – bei schönem Wetter

Insi Tip

Wanderziel: Die Hamburger Hallig ist mit dem Festland durch einen Damm verbunden

VOR DEM DEICH

auch auf Holzbänken vor dem Krog – köstliche Kuchen und Lammspezialitäten in der Ruhe des Wattenmeeres genießen. *April–Okt. tgl. 11–18 Uhr (im Sommer 10–21 Uhr) | Tel. 04671/ 94 27 88 | www.hallig-krog.de*

KATINGER WATT ★ [118 C5]
Dieses Watt (5 km von Tönning) ist etwas ganz Besonderes: ein Mosaik aus Laubwald und Schilfflächen, aus Überschwemmungswiesen, Tümpeln und Teichen, das man zu Fuß, mit Rad oder Pferd erkunden kann. Nach dem Bau des Eidersperrwerks (1973) fielen etwa 1500 ha Mündungswatt der Eider trocken; 1976 wurden die ersten Bäume gepflanzt. Dieses ungewöhnliche Nebeneinander von Wiese, Wald und Watt lockt viele Vogelarten an. Der Schafsberg, ein künstlich geschaffener Hügel mitten im Watt, war im Fall eines extremen Hochwassers Rückzugsgebiet für die Schafe. Heute, nach der Trockenlegung, steht dort ein 13 m hoher Aussichtsturm, von dem man mit Fernglas ausgerüstet die Vogelbrutstätten beobachten kann. Das *Naturzentrum Katinger Watt* mitten im Naturschutzgebiet bietet Watterkundungen, vogelkundliche Führungen, Fahrradtouren und Kindernachmittage an. *Lina-Hähnle-Haus | Katingsiel 14 | Tel. 04862/80 04*

SÜDFALL [118 B3]
Auf dieser nur 50 ha großen Hallig lebt einsam der Vogelwart mit seiner Familie. Wer ihn besucht, bekommt dort Würstchen und Kuchen. Nach Südfall kommt man nur mit erfahrenen Führern, entweder mit Pferd und Wagen oder zu Fuß. Wer sich kutschieren lässt, ist 3 Std. unterwegs, zu Fuß ist man gut 5 Std. auf den Beinen (1 Std. Aufenthalt). Kutschfahrt ab *Fulehörn/Nordstrand: Anmeldung bei Familie Andresen | Tel. 04842/300 | Mai–Okt. | Fahrt 10 Euro | www.suedfall.de*

Insider Tipp

WATTERKUNDUNG MIT DEM SCHIFF
Seetierfangfahrten, Wattwanderfahrten, Brunchfahrten, Krabbenfangfahrten, Kreuzfahrten durch die Halligwelt vorbei an den Seehundsbänken, mit Wattwanderung kombinierte Halligfahrten – die Kapitäne lassen sich einiges einfallen, um Landratten zu locken. Ein Törn kostet 10–30 Euro. An Bord gehen können Sie in Dagebüll *(www.faehre.de)* und in:

BÜSUM [120 B2]
Reederei H. G. Rahder | Tel. 04834/ 36 12 | www.rahder.de

NORDSTRAND [118 C3]
Insel- und Halligreederei „Adler Schiffe" | Strucklahnungshörn | Tel. 04842/90 00-0 | www.adler-schiffe.de

SCHLÜTTSIEL [117 D5]
– Halligreederei MS „Hauke Haien" | Kapitän Bernd Diedrichsen | Tel. 04841/814 81 u. 0171/770 58 77 | www.wattenmeerfahrten.de
– MS „Seeadler" | Kapitän Heinrich von Holdt | Tel. 04674/15 35 u. 0170/ 771 99 94 | www.seeadler1.de
– MS „Rungholt" | Kapitän Uwe Petersen | Tel. 04667/367 | www.halligmeerfahrten.de

TÖNNING [119 D5]
„Adler Schiffe" | Tel. 04842/90 00-0 | www.adler-schiffe.de

> AUF DEICHEN UND IN KÖGEN

Mit dem Rad durch Eiderstedt und Nordfriesland – der Wind bestimmt die Fahrtrichtung

Die Touren sind auf dem hinteren Umschlag und im Reiseatlas grün markiert

1 ÜBER ALTE DEICHE NACH DÄNEMARK

Diese rund 40 km lange Tour ist ein idealer Tagesausflug für Radfahrer. Sie führt von Niebüll über alte Deiche vorbei an blühenden Rapsfeldern (im Mai) bis zur dänischen Grenze – wenn Sie mögen, auch in das Königreich –, zum Nolde-Museum und zurück nach Niebüll. Nur die ersten Kilometer hinter Niebüll fahren Sie gen Westen, also möglicherweise gegen den Wind. Ansonsten bläst er von der Seite, und manchmal wird er Ihnen auch Anschub geben. Sollten Sie ins Schwitzen kommen, können Sie während einer Rast ein erfrischendes Bad nehmen.

Die Tour beginnt auf dem Niebüller Rathausplatz mitten in der Fußgängerzone. Hier folgen Sie dem Hinweisschild zum Naturkundemuseum *(S. 35)*. Vor dem Naturkundemuseum führt nach rechts eine kleine, unauffällige Straße zum Freibad. Hier bie-

Bild: Nolde-Museum

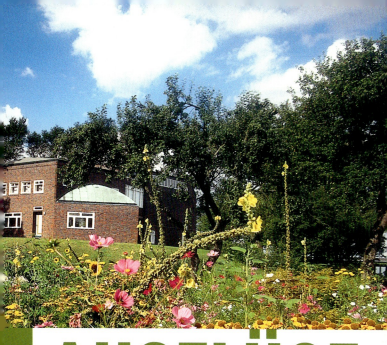

AUSFLÜGE & TOUREN

gen Sie ab. Nach zwei S-Kurven können Sie hinter Bäumen und Büschen Niebülls **Freibad** *(S. 36)* sehen. Dieser See ist einem Deichbruch zu verdanken. Es geschah am Weihnachtsabend 1593: Mit gewaltiger Wucht spülte das in den Koog strömende Wasser ein tiefes Loch ins Erdreich. Die Deichbauer konnten die Deichlinie seewärts um das Loch herum wieder schließen. Zurück blieb das mit Wasser gefüllte tiefe Loch im Koog – eine sogenannte „Wehle". Im Lauf der Tour werden Sie an einer noch größeren vorbeikommen.

Hinter dem Ortsschild beginnt die Weite der Köge: links von Ihnen – im Süden – der **Christian-Albrechts-Koog**, rechts – im Norden – der **Gotteskoog**. Er ist mit einer Fläche von 104 km² der größte Koog Nordfrieslands. Und spätestens jetzt werden Sie spüren, wie sehr Sie gegen den Wind in die

Pedale treten müssen. Denn von nun ab geht es auf dem Gotteskoogdeich Richtung Westen. Dieser Deich wurde 1562–66 aufgeschüttet, und er hielt nicht nur das Wasser zurück, er wurde zugleich die erste dauerhafte Landverbindung zwischen Niebüll und Emmelsbüll.

Wenn Sie wissen wollen, wie viele Kilometer Sie bereits mit dem Wind gekämpft haben, so stehen alle 200 m rechts am Straßenrand kleine, weiße Schilder mit der Kilometerzahl, die Sie seit Niebüll zurückgelegt haben. Am Kilometerpunkt 3,6 führt eine schmale Straße mit dem schönen Namen Am Rollwagenzug in den Koog; sie verläuft schnurgerade, parallel zu einem Sielzug. Dieser wurde 1623 erdacht und angelegt von dem holländischen Deichbaumeister Claas Jannsen Rollwagen und sorgte damals für die Entwässerung des Gotteskoogs. Für eine erste Rast empfiehlt sich die Angelwehle am Kilometerpunkt 6,0. Dieser See ist in fester Hand der Angler, die das Baden verbieten. Doch gegen ein Picknick hat hier niemand etwas einzuwenden.

Danach fahren Sie weiter auf dem Gotteskoogdeich bis zum Kilometerpunkt 7,0. Dort biegen Sie rechts ab in den Wrewelsbüllweg. Dieser schmale Asphaltweg führt hinunter in den Koog, und wenn der Raps blüht, tauchen Sie hier wahrlich in eine gelbe Flut. An der nächsten Weggabelung halten Sie sich links, kommen vorbei an einer bewaldeten Warft, auf der ein „Dreiseitenhof" steht (der Name erklärt sich beim Hinschauen von selbst), überqueren einen Sielzug und biegen an der nächsten Kreuzung rechts ab. Der Mitteldeich ist heute als Deich nicht mehr zu erkennen. Rechts und links stehen stämmige Ulmen, über Ihnen die vom Wind nach Osten geneigten Baumkronen. Vorsicht, die Straßen sind schmal und kurvig, rechnen Sie mit Gegenverkehr! Nach zirka 1 km fahren Sie rechts auf den Hoddebülldeich und dann 6 km bis nach Neukirchen. Auf dieser Strecke überqueren Sie die Bahnlinie Niebüll–Westerland, kurz danach die Klanxbüller Straße, und hier weist Ihnen das Schild „Nolde-Museum" den Weg. Sind Sie erschöpft und wollen auf einen Abstecher nach Dänemark verzichten, folgen Sie diesen Wegweisern.

Haben Sie Lust auf ein idyllisches Stück Nordfriesland, dann fahren Sie am Hotel Fegetasch am Ortsausgang von Neukirchen nicht rechts Richtung Nolde-Museum, sondern geradeaus auf der Straße Beim Siel. Nach gut 1 km biegen Sie in den Neudamm ein. Gesäumt von Wiesen und Pferdekoppeln, führt dieser beschauliche Weg bis zur dänischen Grenze. An der nächsten Kreuzung leitet Sie rechts eine kleine Steigung auf einen Deich. Linker Hand, hinter dem Weidezaun, beginnt Dänemark. Sie erreichen den Grenzübergang Rosenkranz. Das Zollamt steht leer, der Schlagbaum ist abgeschraubt. Kontrolle, das war mal. In den Asphalt der Grenzstraße eingebettet, markiert ein Granitstein, wo hier genau die Grenze verläuft.

Sie haben Hunger? Dann bieten sich Ihnen zwei Möglichkeiten: diesseits des Grenzsteins deutsche Küche im Alten deutschen Grenzkrug (Di geschl. | Tel. 04664/386 | €–€€) oder aber jenseits des Steins Smørrebrød im

> *www.marcopolo.de/nordseekueste-sh*

AUSFLÜGE & TOUREN

Insider Tipp *Rudbøl Grænsekro (*tgl. | Tel. 0045/ 74 73 82 58 | €€–€€€)*. Auch wenn Sie keine üppig belegten Butterbrote oder eine Fischplatte essen wollen, sollten Sie die Grenze passieren. Der Blick auf den Ruttebüller See ist fantastisch! Hier bekommen Sie einen Eindruck von der Landschaft, die Emil Nolde einst faszinierte und inspirierte.

Wieder in Deutschland, folgen Sie dem Schild „Nolde-Museum", kommen vorbei an zwei Supermärkten, die ihre Sonderangebote in Kronen anpreisen. Wenige Meter hinter dem zweiten Supermarkt führt links der für Autos gesperrte Noldeweg direkt zum Museum. Und da steht es nun: Noldes Haus und Atelier. Ein klotziger Bau, gemauert aus düsteren, rotgrauen Steinen. Mit dem Dach, teils gewölbt, teils flach, wirkt Seebüll (S. 38) auf der Warft wie eine Burg im flachen Nordfriesland. „Hier ist unser Platz", soll Ada Nolde während einer Wanderung ihrem Mann Emil gesagt haben. Verewigt haben sich die beiden auch mit ihrem Garten. Kommen Ihnen die Wege rund um den Teich und zwischen den Blumenrabatten wirr vor, versteckt sich dahinter doch ein Prinzip: Aus der Vogelperspektive oder **Insider Tipp** vom obersten Stockwerk des Museums aus gesehen, formen die Wege die Buchstaben A und E für Ada und Emil.

Der schnellste Weg zurück nach Niebüll führt über den Revtoftweg und die Aventofter Straße. Haben Sie es nicht eilig und Lust auf ein erfrischendes Bad, fahren Sie den Revtoftweg nicht Richtung Niebüll, sondern rechts nach Neukirchen. Nach 500 m weist ein Schild zum

Nicht nur Kühe grasen auf Nordfrieslands Weiden: Schleswig-Holstein ist Pferdezuchtland

Insider Tipp *Hülltoft-Tief.* In den Sommermonaten eine lauschige Badestelle und ein Picknickplatz mitten in Emil Noldes Landschaft.

2 ZUM WESTERHEVER LEUCHTTURM

Diese 60 km lange Tour führt von Husum entlang der Nordküste Eiderstedts durch die Köge zum Westerhever Leuchtturm und weiter nach St. Peter-Ording. Mit dem Auto ist diese Distanz ein beschaulicher Ausflug; steigen Sie aufs Fahrrad, sollten Sie fit sein: Da der Weg bis zum Leuchtturm ausschließlich gen Westen führt, wird Ihnen wohl der Seewind ins Gesicht blasen – Flaute ist auf Eiderstedt eher selten. Ab Westerhever können sich Ihre Waden erholen; von nun an radeln Sie im Windschatten des Seedeichs nach St. Peter-Ording, von dort bringt Sie der Zug zurück nach Husum. Sollten Sie den Gegenwind fürchten, ein Tipp: Beginnen Sie die Tour mit der Bahnfahrt von Husum nach St. Peter-Ording und radeln über Westerhever gen Osten – mit Rückenwind.

Der Ausflug beginnt im Binnenhafen von **Husum** (S. 42). Sie verlassen die Stadt über den **Damm**, rechts das moderne Husumer Rathaus, links das Schifffahrtsmuseum. Gleich hinter der Bahnunterführung biegen Sie rechts ab Richtung Simonsberg. Sie kommen hier Husums Hässlichkeiten verdammt nah: links der Windpark, rechts die betongrauen Silotürme. Doch keine Sorge, durch die nächste „Stöpe" hindurch – der nordfriesische Ausdruck für Deichscharte, einen Einschnitt im Deich – haben Sie Husum hinter sich gelassen. Über die **Finkhaushallig** erreichen Sie den **Simonsberg-Koog**. Hier sehen Sie rechter Hand den ersten Haubarg. Nun sind Sie auf Eiderstedt.

An der nächsten Weggabelung weist ein Schild nach links zum Roten Haubarg, ein anderes nach rechts zur **Badestelle**. Gönnen Sie sich den Umweg an die Küste. Sie fahren auf einem Deich durch das beschauliche Dorf **Simonsberg**. Die Deichstraße endet am Außendeich an einem Buswendeplatz. Zeit für eine Pause: Bei Flut können Sie hier baden; herrscht Ebbe, haben Sie eine wunderbare Aussicht über den Heverstrom auf **Nordstrand** (S. 51). Zurück müssen Sie wieder durch Simonsberg, alle anderen Straßen sind Sackgassen. Am **Kirchspielskrug** fahren Sie den Deich hinunter und folgen dem Schild nach **Witzwort**. Auf der rechten Seite im **Adolfskoog** ist er nicht zu übersehen, der wuchtige **Rote Haubarg** (S. 64) auf seiner Warft, umgeben von stämmigen Bäumen. Eine Kaffee- oder Essenspause ist hier Pflicht.

Hoffentlich gut gestärkt, kehren Sie zurück auf die Hauptstraße. Nach 200 m führt eine Steigung hinauf auf den **Porrendeich**. Hinter **Uelvesbüll** werden Sie als Radfahrer auf eine harte Probe gestellt. Die schnurgerade Straße scheint endlos: links Wiesen, rechts der Deich, eingezäunt mit Stacheldraht und Eichenpfählen. Hunderte dieser Zaunpfähle müssen Sie hinter sich lassen. Eine Verschnaufpause lohnt sich am **Evershop-Siel**. Hier führt eine Treppe auf den ☼ Deich. Oben angekommen, können Sie weit übers Watt bis Pellworm und Nordstrand gucken. Interessant ist auch die Bronzeplatte am Schützenhaus des Siels. Sie zeigt das Mo-

> www.marcopolo.de/nordseekueste-sh

AUSFLÜGE & TOUREN

saik der zahlreichen Köge und deren Entstehungsdaten.

Noch 5 km, dann haben Sie die „Zaunpfahletappe" geschafft; fahren Sie dann links nach *Osterhever*. Hier gibt es eine Bäckerei. Von Osterhever geht es weiter durch den Augustenkoog nach *Westerhever* *(S. 62)*. Der Kirchturm der St.-Stephanus-Kirche, 1370 gebaut, ist der älteste Eiderstedts und diente bis zum Bau des Leuchtturms (1907) als Seezeichen.

Sie vermissen am Horizont den Leuchtturm? Sie sind zwar in Westerhever angekommen, doch damit noch lange nicht am Leuchtturm. Sie müssen noch weiter Richtung Westen. Endstation ist ein Parkplatz mit Souvenirshop, Würstchenbuden und Toilettenhäuschen. Der Turm lugt hier über den Deich, ist aber noch gut 3 km Fußweg entfernt. Wollen Sie mit Kindern bis zum Turm, empfiehlt es sich, einen Bollerwagen zu mieten. Solch ein Gefährt ist absolut matsch- und watttauglich. Rauf auf den Turm können Sie nur nach Voranmeldung beim *Westerhever Tourismusverein* *(Tel. 04865/12 06)*. Dann geht ein pensionierter Leuchtturmwärter – der Turm ist seit 1972 computergesteuert – mit Ihnen hinauf bis in die Turmspitze. Köstliche und kuschelige Andenken gibt es bei der *Schäferei Willi Hinz* *(Tel. 04865/90 19 18)*.

Insidertipp

Weiter Richtung St. Peter-Ording haben Sie zwei Möglichkeiten: Sie treten buten – auf der Seeseite des Deichs – in die Pedale, stets den Leuchtturm im Blick, oder binnen, im Windschatten des Deichs. Angekommen in *St. Peter-Ording* *(S. 58)*, verladen Sie Ihr Rad in den Zug (3,50 Euro). Der fährt stündlich und bringt Sie in etwa fünfzig Minuten zurück nach Husum.

Weithin sichtbar im Eiderstedter Land: der Turm von St. Stephanus in Westerhever

EIN TAG AN DER NORDSEEKÜSTE
Action pur und einmalige Erlebnisse.
Gehen Sie auf Tour mit unserem Szene-Scout

ÜBERBLICK VERSCHAFFEN

9:00

Im Motorflieger hat man den besten Ausblick auf die Gegend. Gestartet wird in Leck, Ziel ist St. Peter-Ording. Der Flug dauert eine halbe Stunde, und der Pilot erklärt ganz genau, was man alles sieht. **WO?** *Sportfluggruppe Leck e. V.* | *Ketelsburger Weg, Tor 10* | *Leck* | *Anmeldung einen Tag vorher: Tel. 0171/356 34 82* | *Kosten: ca. 70 Euro pro Person (bei drei Personen)* | *www.sportfluggruppe.eu/*

10:00 ## BERÜHMTES FRÜHSTÜCK

Wieder festen Boden unter den Füßen, geht es zum *Strandcafé Silbermöwe*. Das Café war der Originaldrehort für die TV-Serien *Gegen den Wind* und *Die Strandclique*. Ein Mettwurstbrot ist genau das Richtige für das späte Frühstück und gibt Energie. **WO?** *St. Peter-Ording* | *Tel. 04863/12 22* | *www.strandcafe-silbermoewe.de*

RAN AN DEN DRACHEN

10:30

Wind und Wellen warten schon. Also rauf aufs Board und den Drachen bei einer Schnupperstunde im Kiten in den Griff bekommen. **WO?** *Up-Wind Kiteschule* | *St. Peter Ording* | *Anmeldung unter Tel. 0163/717 71 98* | *Kosten: 50 Euro* | *www.kitekurs.de*

12:00 ## TYPICAL LUNCH

Am Kamin gibt's im reetgedeckten Haus Typisches aus der Region. Die Karottensuppe schmeckt prima. Zum Dessert gibt's Flüssiges: Eiergrog und Nordfrieslandaquavit. **WO?** *Dorfstr. 12* | *St. Peter-Ording* | *Tel. 04863/32 10* | *www.am-kamin.stpeterording.de*

24 h

WINDIGE ANGELEGENHEIT

14:00

Im *Amsinck-Haus* erfährt man nun, wie die Gemeinde Reußenköge entstanden ist und welche Vorteile erneuerbare Energien mit sich bringen. Anschaulich wird das Ganze durch den Besuch einer Windkraftanlage. **WO?** *Amsinck-Haus | Sönke-Nissen-Koog 36 a | Reußenköge | Tel. 04671/92 71 54 | Kontaktperson: Johannes Volquardsen | www.amsinck-haus.de*

17:00

REITEN IN HUSUM

Die Pferde des *Reit- und Voltigiervereins Husum-Schobüll* heißen Rasputin, Lolly Pop oder Jens und sind echte Lieblinge. Aufsitzen und auf dam Sandplatz unter den wachsamen Augen des Reitlehrers eine Runde drehen, danach geht's raus in die Natur. **WO?** *Deichweg 4 | Husum | Tel: 04841/647 87 | Kosten: 25 Euro | www.reitverein-schobuell.de*

FRISCHER GEHT'S NICHT

20:00

Vor dem Fischrestaurant *La Mer* machen die Krabbenkutter fest und liefern den gerade gefangenen Fisch ab. Bei der Zubereitung von frischem Miesmuschelfleisch oder einem Backfischteller kann man dem Koch in der offenen Küche über die Schultern schauen. **WO?** *Am Außenhafen 1 | Husum | Tel. 04841/29 38 | www.fischrestaurantlamer.de*

23:00

FEIERLAUNE

Im Partymekka *der club* wird jeden Abend eine andere Musikrichtung gespielt. So läuft z. B. freitags Alternativ, samstags sorgt ein Mix aus Rock und House für Stimmung. **WO?** *Neustadt 58 | Husum | Tel. 04841/80 00 20 | www.der-club-husum.de*

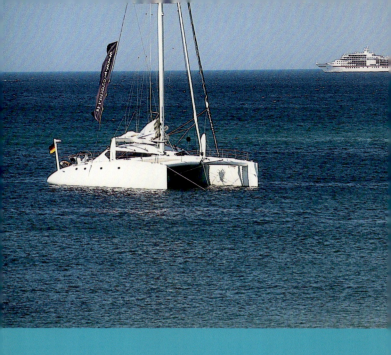

> SPORT BINNEN UND BUTEN

Vor und hinter dem Deich gibt es allerlei Möglichkeiten, um sich auszutoben

> Schwimmen, Segeln, Surfen, Strandspiele, all das geht und gibt es buten, also vor dem Deich. Binnen laden die glatt asphaltierten Wege dazu ein, auf zwei Rädern oder acht Rollen durch die Köge zu sausen. Und im Land gibt es zahlreiche Seen und Flüsse, ideale Reviere für Kanuten, Paddler und Binnenskipper.

Die Angler nicht zu vergessen, die in Sielzügen und an Schleusen ihr Glück versuchen können. Natürlich wird binnen auch Golf und Tennis gespielt, können Sie Pferde und Ponys reiten, an einigen Orten auch buten, dann heißt es im Galopp den Strand entlang.

ANGELN

Die Westküste ist ein Anglerparadies. Hier haben Petrijünger alle Möglichkeiten: Brandungsangeln, Hochseeangeln, Fischen in Seen, Sielzügen und Flüssen. Grundsätzlich brauchen Sie, egal wo Sie den Köder hinein-

> www.marcopolo.de/nordseekueste-sh

SPORT & AKTIVITÄTEN

werfen, einen Fischereischein. Für die meisten Binnengewässer müssen Sie zusätzlich einen Erlaubnisschein kaufen. Näheres erfahren Sie in den Touristinformationen oder in Angelgeschäften.

Hochseeangeln (Kabeljau) von *Büsum* aus: *Clausen, Tel. 04834/82 58,* und *Jasper, Tel. 0481/643 43.* Beliebte Reviere in der Nähe von *Bredstedt* sind die *Arlau* und die *Ostenau* (Aal, Hecht, Forelle, Zander).

Bei *Friedrichstadt* sind es die *Eider, die Treene und die Sorge* (Aal, Lachs, Wels, Schleie). Um *Meldorf* herum gibt es die *Miele,* die *Süderau,* die *Wolmersdorfer Tonkuhle,* das *Barsflether Gewässer* (von Aal bis Zander). *Auskunft: H. Paech | Westerstr. 11 | Meldorf | Tel. 04832/21 06.*

Im Norden Nordfrieslands gibt es fischreiche Auen *(Lecker Au, Sohlmer Au, Karlum-Au),* in denen man sogar Meerforellen fangen kann, und jenseits der dänischen Grenze den *Ruttebüller See* (Karpfen). *Auskunft: Pörksen Angelsport | Aventoft-Rosenkranz | Tel. 04664/95 15*

GOLF

An der Westküste Schleswig-Holsteins gibt es sechs Golfclubs. Wer sein Handicap kennt, darf auf allen Anlagen ohne Probleme Bälle schlagen. Für Neugierige und Anfänger gibt es kostenlose „Schnupperkurse", und auf Kurzplätzen in Apeldör und Donner Kleve kann man auch ohne Mitgliedschaft golfen.

Golfclub Gut Apeldör | 18-Loch und 9-Loch | Hennstedt | Tel. 04836/99 60-0 | www.gutapeldoer.de

Insider Tipp *Golfclub Am Donner Kleve | 18-Loch | St. Michaelisdonn | Tel. 04853/88 09 09 | www.golf-am-donner-kleve.de*

Golfclub Hof Berg | 18-Loch | Stadum | Tel. 04662/705 77 | www.gc-hofberg.de

Golfclub Husumer Bucht | 18-Loch | Schwesing | Tel. 04841/722 38 | www.gc-husumer-bucht.de

Golfclub Dithmarschen | 18-Loch | Warwerort | Tel. 04834/96 04 60 | www.gc-dithmarschen.de

INLINESKATEN

Insider Tipp Die glatten Asphaltwege vor und hinter dem Deich sind ideale Pisten für Rollerblades. Doch Vorsicht, manch ein Skater ist hier schon auf Schafsmist ausgerutscht. Skaterhochburg ist *Nordstrand.* Hier finden jährlich am Himmelfahrtswochenende der „Nordsee-Marathon" und das „Family-Skating" statt; Auskunft: *Kurverwaltung | Tel. 04842/454 | www.nordfriesland-skating.de*

KANU

Auf Flüssen, den breiten Sielzügen und Seen ist Kanufahren erlaubt. Beliebtes Revier ist der *Bottschlotter See* bei *Fahretoft,* 10 km südlich von Niebüll. Informationen: *Kanu-Service Südtondern | Tel. 04674/865 | www.kanu-service.de*

NORDIC WALKING

In Dithmarschen gibt es elf Nordic-Walking-Routen in verschiedener Länge und mit unterschiedlichem Schwierigkeitsgrad. Start- und Zielpunkte sind in Büsum, am Meldorfer Hafen, in Friedrichskoog und im Zentrum von Brunsbüttelkoog. In Nordfriesland bietet der *Nordic Walking Park Niebüll* sieben Routen mit 40 km Länge. Jährlich findet im Juni der „Nordic Walking Halbmarathon" in St. Peter-Ording statt. Informationen und Streckenkarten gibt es bei den jeweiligen Touristinformationen.

RADFAHREN

Die *North Sea Cycle Route* ist der längste ausgeschilderte Fahrradweg der Welt. Er umrundet die Nordsee, führt durch sieben Länder. An der schleswig-holsteinischen Nordseeküste beginnt er in Brunsbüttel und führt, meist parallel zur Küste, am Deich entlang nach Dänemark. *www.northsea-cycle.com*

Wollen Sie „einfach mal so" in die Pedale treten, denken Sie an den Wind: Planen Sie Ihre Radtouren so, dass Sie auf dem Rückweg, wenn Sie erschöpft sind, den Wind im Rücken haben. Wem Touren zu anstrengend sind und wer nur spazieren fahren möchte, der kann wunderbar auf den asphaltierten Wegen seeseits des

> *www.marcopolo.de/nordseekueste-sh*

SPORT & AKTIVITÄTEN

Deichs radeln. Unter *www.nordsee-radfahren.de* finden Sie Tourenvorschläge und Tipps wie z. B. Radverleih und -werkstätten.

REITEN

Die örtlichen Reitervereine organisieren Ausritte für Erwachsene, Voltigieren und Ponyreiten für Kinder. Besonders reizvoll ist ein Ausritt am Strand und Watt. Informationen gibt es in *Bordelum* bei *Bredstedt* vom *Reit- und Fahrverein* | *Tel. 04671/29 49,* in *Heide* bei der *Reitschule am Moor* | *Süderholm* | *Tel. 0481/55 85,* in *St. Peter-Ording* beim *Reitstall Drei Lilien* | *Zum Südstrand* | *Tel. 04863/24 01,* in *Süderlügum* bei *Wollensen's Reiterhof* | *Tel. 04663/303.*

SEGELN

Segel hissen kann an der Nordseeküste nur, wer sein eigenes Boot mitbringt. Einziger tideunabhängiger Hafen ist Büsum. Binnenreviere sind Eider und Nord-Ostsee-Kanal. Informationen: *Büsumer Segelverein* | *Tel. 04834/29 97* | *www.bsv-buesum.de* und *Meldorfer Segelverein* | *Tel. 04832/14 48* | *www.msv-meldorf.de.* Segelscheine erwerben und Törns buchen kann man bei der *Husumer Segelschule* | *Tel. 04841/30 52.*

SURFEN

Das Surfermekka an der Festlandküste ist auf Eiderstedt der *Tümlauer Koog* und – mit Brandung – *St. Peter-Ording*. Informationen: *St. Peter-Ording* | *Surfakademie* | *Tel. 0172/452 80 34* | *www.surfakademie.de; Meldorf* | *Wassersportcenter* | *Tel. 0179/452 00 16* | *www.action-surf-meldorf.de; Schobüll* | *Nordfriesland-Surfer* | *Alte Dorfstraße* | *Tel. 04841/631 03 o. 712 56*

In Nordfriesland macht das Angeln nicht nur an der Küste Spaß!

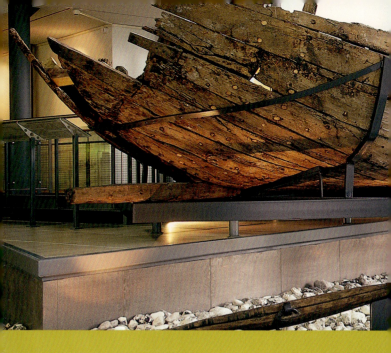

> „MAMA, PAPA, WAS MACHEN WIR HEUTE?"

Entdecker im Museum oder Pirat im Wellenbad – auch ein Regentag kann gerettet werden

> Was, wenn die Sonne nicht in Sicht ist? Was, wenn die Kids nicht an den Strand können, weil es regnet? Spätestens dann stellt sich die Frage: „Was machen wir heute?" Ein Ersatzprogramm muss her, eines, das gelangweilte Kindermienen aufheitert. Keine Sorge, der Tag kann gerettet werden. Unter dem Motto „Sehen, Staunen, Spielen, Streicheln" gibt es an der Küste für jeden etwas. Die Tourismuszentralen informieren über tagesaktuelle Veranstaltungen.

DER NORDEN

FRIESISCHES MUSEUM [117 D4] *Inside Tip*

Dieses Bauernhaus ist rund 200 Jahre alt. Ob Besen oder Bett, Lampe oder Löffel, Teekanne oder Tisch – alles stammt aus einer anderen Zeit. Während einer Führung werden spannende Geschichten erzählt. *Juni–Sept. tgl. 14–16 Uhr oder n.V | Osterweg 76 | Niebüll | Tel. 0175/ 414 61 85 | www.friesisches-museum.de | Eintritt 2 Euro, Schüler 1 Euro*

Bild: das „Uelvesbüller Wrack" im Schifffahrtsmuseum Nordfriesland

MIT KINDERN REISEN

NATURKUNDEMUSEUM NIEBÜLL [117 D4]
Was einem in der Natur nur mit viel Glück und noch mehr Geduld gelingt, ist hier kein Problem: ein Bienenvolk bei der Arbeit beobachten, Tiere und Pflanzen aus der Nähe betrachten und ihre Laute vom Tonband hören. Außerdem: Aquarien, Tiere zum Streicheln, Malecke und mehr. *April, Sept., Okt. Di–So, Juni–Aug. tgl. 14–17.30 Uhr | zusätzliche Führungen n. V. | Hauptstr. 108 | Tel.* 04661/56 91 | *www.nkm-niebuell.de | Eintritt 2,50 Euro, Kinder 1 Euro*

HUSUM & HUSUMER BUCHT

KINDERMUSEUM [U B3]
Omas und Opas Spielzeug ist hier ausgestellt, die Kinder können sich auf eine alte Schulbank setzen oder im alten Krämerladen einkaufen. *Tgl. 10–18 Uhr | Wasserreihe 52 | Husum | Eintritt frei*

NORDSEEMUSEUM HUSUM [U B3]
Selber einen Deich bauen und sehen, ob er hält? Der Spielplatz draußen ist für kleine und große Deichbauer. Drinnen erfährt man, wie die Menschen früher hinterm Deich gewohnt und gearbeitet haben. *April–Okt. tgl. 10–17, Nov.–März Di–So 10–16 Uhr | Herzog-Adolf-Str. 25 | Tel. 04841/ 25 45 | Eintritt 5 Euro, Kinder 2 Euro*

EIDERSTEDT
DÜNEN-THERME [U B5]
Durch die Schlangenröhre in das warme Wasser rutschen oder durch Wellen tauchen. Mittwochs von 15 bis 18 Uhr gibt es speziell für Kinder einen Spaßnachmittag. *April–Okt. Mo–Sa 9.30–22, So 10–19 Uhr, Nov.–März Mo–Sa 14–22, So 10–19 Uhr | Maleens Knoll | St. Peter-Ording | www.duenen-therme.de | Eintritt (mit Gästekarte) 6,30 Euro, Kinder 3,60 Euro, Familien 17,10 Euro*

MULTIMAR WATTFORUM [119 D5]
Langeweile gibt es nicht. Mitmachen, anfassen – das ist das Motto. Mit Kameras und Mikroskopen die Unterwasserwelt erforschen, einen Deich bauen und schauen, ob er hält, die Rippen eines Wals zählen, Krebse und Muscheln in die Hand nehmen oder sich die Nase putt drücken: an den Scheiben der 30 Aquarien, hinter denen Seepferdchen tanzen, Quallen schweben und der Katzenhai bedrohlich seine Kreise zieht. Draußen gibt es einen Spielplatz zum Toben. *April–Okt. tgl. 9–19, Nov.–März 10–17 Uhr | Am Robbenberg | Tönning | Tel. 04861/962 00 | www.multimarwattforum.de | Eintritt 8 Euro, Kinder 5,50 Euro, Familien 24 Euro*

WESTKÜSTENPARK & ROBBARIUM [U E4]
Schafe, Ziegen, Esel, Kaninchen, Meerschweinchen und viele andere Tiere darf man hier streicheln und füttern. Attraktion ist das „Robbarium", in dem fünf Seehunde ihre Kunststücke zeigen. Zum Toben gibt's den Naturspielplatz. *April–Okt. tgl. 9.30–19, Nov.–März 10.30 Uhr bis zur Dunkelheit | Wohldweg 6 | St. Peter-Ording | www.westküstenpark.de, www.robbarium.de | Eintritt 9 Euro, Kinder 6,50 Euro, Familien 23 Euro*

DITHMARSCHEN
ATRIUM/SCHLEUSENANLAGE [121 D5]
Ob der dicke Pott da durchpasst? Von zwei Aussichtsplattformen kann man zuschauen, wenn es um Zentimeter geht. Im *Atrium*, dem Schleusenmuseum, gibt es auch Schiffsmodelle zu sehen. *15. März–15. Nov. tgl. 10.30–17 Uhr | Brunsbüttel | Eintritt 2 Euro, Kinder 0,50 Euro*

PIRATENMEER [120 C5]
Im Piratenmeer tosen die Wellen, auf der Schatzinsel ist es herrlich warm (Sauna), „Long John Silver" heißt eine 110 m lange Rutsche, und ausruhen können sich kleine und große Piraten am Takka-Tukka-Strand. *April–Okt. Mo–Sa 9.30–22, So 10–19 Uhr; Nov.–März Mo–Sa 14–22, So 10–19 Uhr | Südstrand 9 | Büsum | www.piratenmeer.de | Eintritt (mit Gästekarte) 6 Euro, Kinder 3,30 Euro, Familien 18 Euro*

DITHMARSCHER LANDESMUSEUM [120 C3]
Womit haben die Kinder vor 100 Jahren gespielt? Wie fängt ein Kutter

> *www.marcopolo.de/nordseekueste-sh*

MIT KINDERN REISEN

Krabben? In diesem Museum gibt es alte Kinderzimmer, Spielzeuge, Feuerwehren und eine Schulklasse aus dem 20. Jh. *Mo–Fr 10–16.30, Sa/So 11–16 Uhr | Bütjestr. 2–4 | Meldorf | Eintritt 3 Euro, Kinder 1 Euro, Familien 6 Euro*

LAND & LEUTE ERLEBNISPARK [120 B1]
Bei Wesselburen versprechen Spielplätze, Ruderboote, Autoskooter, Gokart, Seilbahn, Modellbahn, Ponyreiten und viele Tiere vom Bauernhof Action für einen ganzen Tag. *April–Okt. tgl. 10–18 Uhr | www.land-und-leute-erlebnispark.de | Eintritt 9 Euro, Kinder 7 Euro*

SEEHUNDSTATION FRIEDRICHSKOOG [120 B4]
Seehunde live erleben. Die Tiere hautnah am und unter Wasser beobachten. Damit Jungtiere nicht gestört werden, sind Videokameras installiert. Die Attraktion heißt „Kurt": ein überdimensionaler Seehund, in den man hineingehen kann. *März–Okt. tgl. 9–18 Uhr, Fütterung 10.30, 14, 17.30 Uhr; Nov.–Feb. tgl. 10–17.30 Uhr, Fütterung 10.30, 16 Uhr | An der Schleuse 4 | www.seehundstation -friedrichskoog.de | Eintritt 3,50 Euro, Kinder 2,50 Euro*

WALDMUSEUM [121 D4]
Vögel beim Brüten beobachten, Tierstimmen erkennen oder erfahren, wie alt dieser Baum ist und welche Pilze man lieber nicht essen sollte. Zum Lernen und Toben: Waldlehrpfad und Abenteuerspielplatz. *April–Okt. Di–So 10–12 u. 14–17 Uhr | Obere Waldstraße | Burg | www.waldmuseum.de | Eintritt 2 Euro, Kinder 1 Euro*

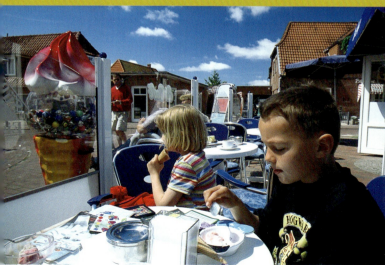
Die Sonne lacht, das Eis ist groß genug – was will kind mehr?!

> VON ANREISE BIS ZOLL

Urlaub von Anfang bis Ende: die wichtigsten Adressen und Informationen für Ihre Reise an die Nordseeküste

ANREISE

AUTO

Sie haben drei Möglichkeiten, an die Nordseeküste zu kommen: 1. Sie nehmen die A 7 Hamburg–Flensburg, fahren bis zur Abfahrt Schleswig/Schuby, weiter auf der B 201 nach Husum; oder Sie fahren bis zur letzten Ausfahrt vor der Grenze und kommen über die B 199 nach Leck bzw. Niebüll. 2. Entspannter, weil seltener Staus, ist die Fahrt auf der A 23 Hamburg–Heide und weiter auf der B 5 Richtung Norden. 3. Mögen Sie es ganz gemächlich, dann verlassen Sie die A 23 hinter Itzehoe (Abfahrt Brunsbüttel) und bummeln über die Dörfer Richtung Heide.

BAHN

Die NOB (Nord-Ostsee-Bahn) fährt nahezu stündlich von Hamburg-Altona und bringt Sie nach Heide (Anschluss nach Büsum), Husum (Anschluss nach St. Peter-Ording) und Niebüll (Anschluss mit der NEG nach Dagebüll-Mole). Die schnelleren IC-Züge der DB fahren dreimal täglich ab Hamburg-Hauptbahnhof und Hamburg-Dammtor.

AUSKUNFT

AUSKUNFT VOR DER REISE

Nordsee-Tourismus-Service GmbH | Zingel 5 | 25806 Husum | Tel. 01805/ 06 60 77 | Fax 48 43 | www.nordsee tourismus.de

> WWW.MARCOPOLO.DE

Ihr Reise- und Freizeitportal im Internet!

> Aktuelle multimediale Informationen, Insider-Tipps und Angebote zu Zielen weltweit ... und für Ihre Stadt zu Hause!

> Interaktive Karten mit eingezeichneten Sehenswürdigkeiten, Hotels, Restaurants etc.

> Inspirierende Bilder, Videos, Reportagen

> Kostenloser 14-täglicher MARCO POLO Podcast: Hören Sie sich in ferne Länder und quirlige Metropolen!

> Gewinnspiele mit attraktiven Preisen

> Bewertungen, Tipps und Beiträge von Reisenden in der lebhaften MARCO POLO Community: *Jetzt mitmachen und kostenlos registrieren!*

> Praktische Services wie Routenplaner, Währungsrechner etc.

Abonnieren Sie den kostenlosen MARCO POLO Newsletter ... wir informieren Sie 14-täglich über Neuigkeiten auf marcopolo.de!

Reinklicken und wegträumen!
www.marcopolo.de

> MARCO POLO speziell für Ihr Handy! Zahlreiche Informationen aus den Reiseführern, Stadtpläne mit 100 000 eingezeichneten Zielen, Routenplaner und vieles mehr.
mobile.marcopolo.de (auf dem Handy)
www.marcopolo.de/mobile (Demo und weitere Infos auf der Website)

PRAKTISCHE HINWEISE

AUSKUNFT AM URLAUBSORT

Bei den Kurverwaltungen der Urlaubsorte bekommen Sie Informationsmaterial und Veranstaltungshinweise. Einen Überblick über Wissenswertes in den Regionen haben die zentralen Touristinformationen:

Touristinformation | *Zentrale Dagebüll* | *Am Badedeich 1* | *25899 Dagebüll* | *Tel. 04667/950 00* | *Fax 455* | *www.halligland.de*

Tourismus und Stadtmarketing Husum GmbH | *Historisches Rathaus* | *Großstr. 27* | *25813 Husum* | *Tel. 04841/898 70* | *Fax 89 87 90* | *www.husum-tourismus.de*

Tourismus-Zentrale Eiderstedt e. V. | *Markt 26* | *25836 Garding* | *Tel. 04862/469* | *Fax 12 25* | *www.tz-eiderstedt.de*

Dithmarschen-Tourismus | *Markt 10* | *25746 Heide* | *Tel. 0481/212 25 55* | *Fax 212 25 50* | *www.dithmarschen-tourismus.de*

BADEN

Baden in der Nordsee ist nicht ungefährlich. Wind und Strömung haben ihre Tücken. An bewachten Badestränden informieren die DLRG-Stationen über Gefahren und Baderegeln. Wird dort ein roter Ball gehisst, sollten Sie nur unter Aufsicht baden, bei zwei Bällen herrscht Badeverbot.

BUSSE

Einige Buslinien nehmen in der Saison Fahrräder mit. Informationen erhalten Sie kostenlos bei *Nordfriesland Regional* | *Tel. 01802/84 53 00* | *www.nordfrieslandbus.de* und bei *Dithmarschen Bus* | *Tel. 01802/30 12 40* | *www.dithmarschenbus.de*.

WAS KOSTET WIE VIEL?

>	**BIER**	**2,50 EURO** für 0,3 l vom Fass
>	**SCHIFFS-AUSFLUG**	**25 EURO** für die Halligkreuzfahrt
>	**PHARISÄER**	**4,50 EURO** für einen Becher
>	**STRAND-KORB**	**7 EURO** Miete für einen Tag
>	**SOUVENIR**	**30-40 EURO** für ein Fischerhemd
>	**IMBISS**	**2,80-4 EURO** für ein Fischbrötchen

CAMPING

Entlang der Küste gibt es zahlreiche Campingplätze. Jedoch sind viele Stellplätze für Dauercamper reserviert. In der Hochsaison empfiehlt es sich daher, frühzeitig zu buchen. Eine Übersicht über sämtliche Campingplätze gibt die *Nordsee-Tourismus-Service GmbH* heraus.

FÄHREN

Fährhäfen für die Inseln Amrum, Föhr und die Halligen sind Dagebüll und Schlüttsiel. Infos und Tickets gibt es bei der *Wyker Dampfschiffs-Reederei* | *Tel. 01805/08 01 40* | *www.faehre.de*.

Pellworm erreicht man mit der Autofähre ab Nordstrand. Auskunft: *NPDG-Reederei Pellworm* | *Tel. 04844/753* | *Fax 354* | *www.faehre-pellworm.de*

Für alle Fähren gilt: in der Saison frühzeitig reservieren!

FKK

Nacktbaden ist an der Nordseeküste grundsätzlich nicht verboten. An den meisten Stränden gibt es eine ausgewiesene FKK-Zone. Die Hallenbäder haben Extrazeiten für hüllenloses Baden.

GEZEITEN

Wo ist das Meer? Wann kommt es zurück? Antworten auf diese Fragen gibt der Gezeitenkalender. Kostenlos gibt's die Ebbe-und-Flut-Tabelle bei den Touristinformationen. Wer schon vor seinem Urlaub wissen möchte, wann das Meer „da ist", erfährt die Gezeiten für die deutsche Nordseeküste auf der Website des Bundesamtes für Seeschifffahrt und Hydrographie, *www.bsh.de*.

HUNDE

Viele Strände und Deichabschnitte sind für Hunde Sperrgebiet, oder sie müssen an der Leine geführt werden. Wo sich Ihr vierbeiniger Gefährte austoben darf, erfahren Sie bei den Touristinformationen.

INTERNET

Neben den Internetseitenseiten der Regionen (s. unter „Auskunft") bietet *www.nordseetourimus.de* eine gute Übersicht mit Tipps und Angeboten. – *www.watterleben.de* und *www.wattenlöpers.de* haben Informatio-

WETTER IN ST. PETER-ORDING

	Jan.	Feb.	März	April	Mai	Juni	Juli	Aug.	Sept.	Okt.	Nov.	Dez.
Tagestemperaturen in °C	2	3	6	10	15	18	19	20	17	13	8	4
Nachttemperaturen in °C	-2	-2	0	3	7	11	13	13	11	7	3	0
Sonnenschein Std./Tag	1	2	4	6	8	8	7	7	5	3	2	1
Niederschlag Tage/Monat	12	8	8	9	8	8	11	12	12	12	14	13
Wassertemperaturen in °C	1	1	3	7	12	16	18	18	15	11	6	3

PRAKTISCHE HINWEISE

nen zum Nationalpark Wattenmeer und Infos zu Wattführungen.
– *www.gastliche-nordseeküste.de* zeigt eine Auswahl von Gaststätten in Nordfriesland und Dithmarschen.
– *www.erlebnistouren.de* präsentiert Touren und Sehenswürdigkeiten in Nordfriesland.
– *www.kuestenforum.de* mit Tipps, Fotos, Erfahrungen von Urlaubern.
– *www.nordsee-netz.de* widmet sich dem Tourismus an der Nordsee.

INTERNETCAFÉS

– *Computer Lütje | Süderstraße 4 | Heide | Tel. 0481/689 90 | Mo–Fr 9–18, Sa 9–14 Uhr | www.luetje.de*
– *Zentralbücherei Husum | Herzog-Adolf-Str. 5 | Husum | Tel. 04841/891 86 | Mo, Di, Do, Fr 10–13.30 u. 14.30–18.30, Sa 10–12.30 Uhr | www.buecherei-husum.de*

KLEIDUNG

Ohne Ihnen die Laune verderben zu wollen – die Regenjacke ist Pflicht, und auch Pullover oder Strickjacke sollten Sie einpacken, denn bei Wind kann es abends rasch kühl werden. Ebenfalls ins Gepäck gehört eine Sonnencreme mit hohem Lichtschutzfaktor. Die UV-Strahlung ist auch bei Wind und Wolken nicht zu unterschätzen.

KURTAXE & KURKARTE

Die Kurtaxe ist in den Badeorten die Eintrittskarte zum Strand, zugleich bietet die Kurkarte viele Vergünstigungen und vielerorts ermäßigten Eintritt. Die Höhe der Abgabe ist von Ort zu Ort verschieden: So beträgt sie in Dagebüll 2 Euro für die Strandbenutzung; in St. Peter zahlt man in der Hauptsaison generell 3 Euro pro Tag und Person (Kinder frei).

NOTRUFE

Polizei: *110;* Rettungswagen, Notarzt: *112;* Telefonnummern lokaler Feuerwehr- und Rettungsstationen stehen auf Schildern am Zugang zum Strand und bei der DLRG.

PREISE

Grundsätzlich ist der Urlaub auf dem Festland preiswerter als auf den Inseln. Nähern Sie sich der Küste, steigen die Preise – teuer sind St. Peter-Ording und Büsum. Bleiben Sie im Binnenland und nehmen die Fahrt an den Strand in Kauf, schonen Sie die Urlaubskasse.

PRESSE

Über Aktuelles aus der Region informieren: „Nordfriesland Tageblatt", „Husumer Nachrichten", „Dithmarscher Rundschau", „Marner Zeitung", „Brunsbütteler Rundschau" – all diese Zeitungen werden vom Schleswig-Holsteinischen Zeitungsverlag herausgebracht. Lediglich in Dithmarschen gibt es mit der „Dithmarscher Landeszeitung" eine veritable Konkurrenz.

WETTER

Das Ferienwetter erfahren Sie beim Deutschen Wetterdienst *(Telefonansage: 0900/111 64 03)* und auf den Websites der einzelnen Orte.

ZOLL

Fahren Sie nach Dänemark, wird der Zoll Sie nicht aufhalten. Dennoch sollten Sie Ihren Personalausweis dabeihaben.

Tümlauer Bucht, Eiderstedt

> UNTERWEGS AN SCHLESWIG-HOLSTEINS NORDSEEKÜSTE

Die Seiteneinteilung für den Reiseatlas finden Sie auf dem hinteren Umschlag dieses Reiseführers

REISE ATLAS

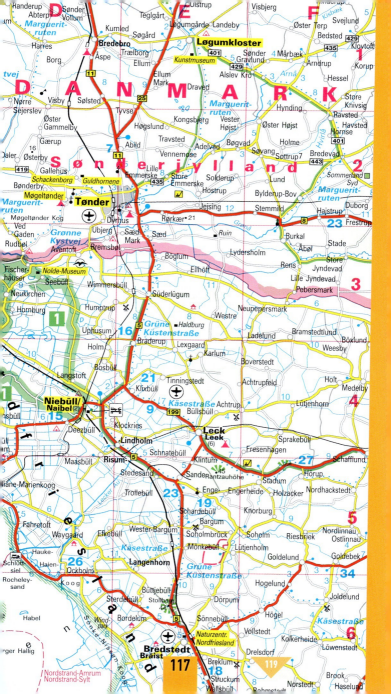

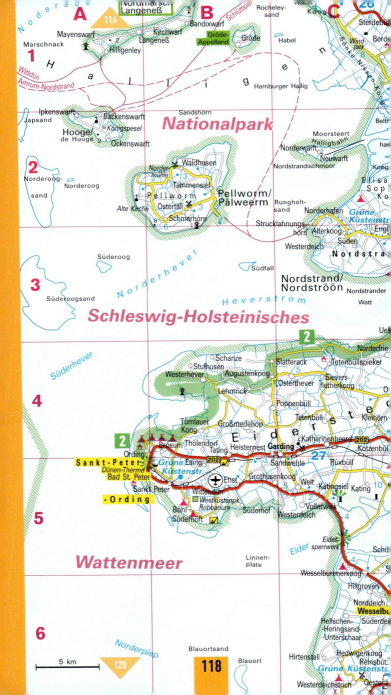

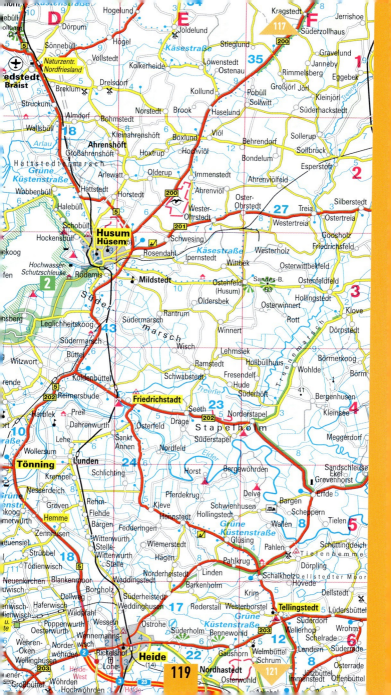

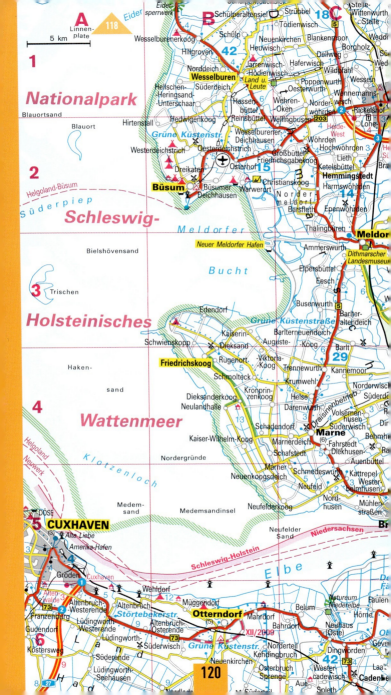

KARTENLEGENDE

Autobahn mit Anschlussstelle und Anschlussnummer		Motorway with junction and junction number
Autobahn in Bau mit voraussichtlichem Fertigstellungsdatum		Motorway under construction with expected date of opening
Rasthaus mit Übernachtung · Raststätte		Hotel, motel · Restaurant
Kiosk · Tankstelle		Snackbar · Filling-station
Autohof · Parkplatz mit WC		Truckstop · Parking place with WC
Autobahn-Gebührenstelle		Toll station
Autobahnähnliche Schnellstraße		Dual carriageway with motorway characteristics
Fernverkehrsstraße		Trunk road
Verbindungsstraße		Main road
Nebenstraßen		Secondary roads
Fahrweg · Fußweg		Carriageway · Footpath
Gebührenpflichtige Straße		Toll road
Straße für Kraftfahrzeuge gesperrt		Road closed for motor vehicles
Straße für Wohnanhänger gesperrt		Road closed for caravans
Straße für Wohnanhänger nicht empfehlenswert		Road not recommended for caravans
Autofähre · Autozug-Terminal		Car ferry · Autorail station
Hauptbahn · Bahnhof · Tunnel		Main line railway · Station · Tunnel
Besonders sehenswertes kulturelles Objekt	Neuschwanstein	Cultural site of particular interest
Besonders sehenswertes landschaftliches Objekt	Breitachklamm	Landscape of particular interest
Ausflüge & Touren		Excursions & Tours
Landschaftlich schöne Strecke		Route with beautiful scenery
Touristenstraße	Hanse-Route	Tourist route
Museumseisenbahn		Tourist train
Kirche, Kapelle · Kirchenruine		Church, chapel · Church ruin
Kloster · Klosterruine		Monastery · Monastery ruin
Schloss, Burg · Burgruine		Palace, castle · Castle ruin
Turm · Funk-, Fernsehturm		Tower · Radio or TV tower
Leuchtturm · Windmühle		Lighthouse · Windmill
Denkmal · Soldatenfriedhof		Monument · Military cemetery
Ruine, frühgeschichtliche Stätte · Höhle		Archaeological excavation, ruins · Cave
Hotel, Gasthaus, Berghütte · Heilbad		Hotel, inn, refuge · Spa
Campingplatz · Jugendherberge		Camping site · Youth hostel
Schwimmbad, Erlebnisbad, Strandbad · Golfplatz		Swimming pool, leisure pool, beach · Golf-course
Botanischer Garten, sehenswerter Park · Zoologischer Garten		Botanical gardens, interesting park · Zoological garden
Bedeutendes Bauwerk · Bedeutendes Areal		Important building · Important area
Verkehrsflughafen · Regionalflughafen		Airport · Regional airport
Flugplatz · Segelflugplatz		Airfield · Gliding site
Boots- und Jachthafen		Marina

FÜR IHRE NÄCHSTE REISE
gibt es folgende MARCO POLO Titel:

DEUTSCHLAND
Allgäu
Amrum/Föhr
Bayerischer Wald
Berlin
Bodensee
Chiemgau/Berchtesgadener Land
Dresden/Sächsische Schweiz
Düsseldorf
Eifel
Erzgebirge/Vogtland
Franken
Frankfurt
Hamburg
Harz
Heidelberg
Köln
Lausitz/Spreewald/Zittauer Gebirge
Leipzig
Lüneburger Heide/Wendland
Mark Brandenburg
Mecklenburgische Seenplatte
Mosel
München
Nordseeküste Schleswig-Holstein
Oberbayern
Ostfriesische Inseln
Ostfriesland/Nordseeküste Niedersachsen/Helgoland
Ostseeküste Mecklenburg-Vorpommern
Ostseeküste Schleswig-Holstein
Pfalz
Potsdam
Rheingau/Wiesbaden
Rügen/Hiddensee/Stralsund
Ruhrgebiet
Schwäbische Alb
Schwarzwald
Stuttgart
Sylt
Thüringen
Usedom
Weimar

ÖSTERREICH | SCHWEIZ
Berner Oberland/Bern
Kärnten
Österreich
Salzburger Land
Schweiz
Tessin
Tirol
Wien
Zürich

FRANKREICH
Bretagne
Burgund
Côte d'Azur/Monaco
Elsass
Frankreich
Französische Atlantikküste
Korsika
Languedoc-Roussillon
Loire-Tal
Nizza/Antibes/Cannes/Monaco
Normandie
Paris
Provence

ITALIEN | MALTA
Apulien
Capri
Dolomiten
Elba/Toskanischer Archipel
Emilia-Romagna
Florenz
Gardasee
Golf von Neapel
Ischia
Italien
Italienische Adria
Italien Nord
Italien Süd
Kalabrien
Ligurien/Cinque Terre
Mailand/Lombardei
Malta/Gozo
Oberital. Seen
Piemont/Turin
Rom
Sardinien
Sizilien/Liparische Inseln
Südtirol
Toskana
Umbrien
Venedig
Venetien/Friaul

SPANIEN | PORTUGAL
Algarve
Andalusien
Barcelona
Baskenland/Bilbao
Costa Blanca
Costa Brava
Costa del Sol/Granada
Fuerteventura
Gran Canaria
Ibiza/Formentera
Jakobsweg/Spanien
La Gomera/El Hierro
Lanzarote
La Palma
Lissabon
Madeira
Madrid
Mallorca
Menorca
Portugal
Sevilla
Spanien
Teneriffa

NORDEUROPA
Bornholm
Dänemark
Finnland
Island
Kopenhagen
Norwegen
Schweden
Stockholm
Südschweden

WESTEUROPA | BENELUX
Amsterdam
Brüssel
Dublin
England
Flandern
Irland
Kanalinseln
London
Luxemburg
Niederlande
Niederländische Küste
Schottland
Südengland

OSTEUROPA
Baltikum
Budapest
Estland
Kaliningrader Gebiet
Lettland
Litauen/Kurische Nehrung
Masurische Seen
Moskau
Plattensee
Polen
Polnische Ostseeküste/Danzig
Prag
Riesengebirge
Russland
Slowakei
St. Petersburg
Tallinn
Tschechien
Ungarn
Warschau

SÜDOSTEUROPA
Bulgarien
Bulgarische Schwarzmeerküste
Kroatische Küste/Dalmatien
Kroatische Küste/Istrien/Kvarner
Montenegro
Rumänien
Slowenien

GRIECHENLAND | TÜRKEI | ZYPERN
Athen
Chalkidiki
Griechenland Festland
Griechische Inseln/Ägäis
Istanbul
Korfu
Kos
Kreta
Peloponnes
Rhodos
Samos
Santorin
Türkei
Türkische Südküste
Türkische Westküste
Zakinthos
Zypern

NORDAMERIKA
Alaska
Chicago und die Großen Seen
Florida
Hawaii
Kalifornien
Kanada
Kanada Ost
Kanada West
Las Vegas
Los Angeles
New York
San Francisco
USA
USA Neuengland/Long Island
USA Ost
USA Südstaaten/New Orleans
USA Südwest
USA West
Washington D.C.

MITTEL- UND SÜDAMERIKA
Argentinien
Brasilien
Chile
Costa Rica
Dominikanische Republik
Jamaika
Karibik/Große Antillen
Karibik/Kleine Antillen
Kuba
Mexiko
Peru/Bolivien
Venezuela
Yucatán

AFRIKA | VORDERER ORIENT
Ägypten
Djerba/Südtunesien
Dubai/Vereinigte Arabische Emirate
Israel
Jerusalem
Jordanien
Kapstadt/Wine Lands/Garden Route
Kapverdische Inseln
Kenia
Marokko
Namibia
Qatar/Bahrain/Kuwait
Rotes Meer/Sinai
Südafrika
Tunesien

ASIEN
Bali/Lombok
Bangkok
China
Hongkong/Macau
Indien
Japan
Ko Samui/Ko Phangan
Malaysia
Nepal
Peking
Philippinen
Phuket
Rajasthan
Shanghai
Singapur
Sri Lanka
Thailand
Tokio
Vietnam

INDISCHER OZEAN | PAZIFIK
Australien
Malediven
Mauritius
Neuseeland
Seychellen
Südsee

REGISTER

In diesem Register sind alle in diesem Reiseführer erwähnten Orte und Ausflugsziele, die wichtigsten Museen sowie viele Gewässer verzeichnet. Halbfette Seitenzahlen verweisen auf den Haupteintrag, kursive auf ein Foto.

Adolfskoog 64, 98
Albersdorf 77
Amrum 15, 30, 33, **34**, 111
Arlau 33, 103
Arlauschleuse 33
Atrium (Brunsbüttel) 68, 108
Augustenkoog 99
Aventoft-Rosenkranz 104
Bargum 12, 32
Barsflether Gewässer 103
Beltringharder Koog 33, 86
Blauort 88
Bordelum 105
Bottschlotter See 104
Bredstedt 13, **32f.**, 89, 103, 105
Brunsbüttel 12f., **68ff.**, 104, 108, 110
Brunsbüttelkoog 68, 104
Burg **81**, 109
Büsum *8/9*, 14f., 23, 67, **70ff.**, 78, 91, 93, 103ff., 108, 113
Charlottenhof 36f., *37*
Christian-Albrechts-Koog 95
Dagebüll **33f.**, 91, 93, 110f., 113
Dithmarscher Landesmuseum (Meldorf) **78**, *79*, 108f.
Dusenddüwelswarft 67, 77
Eider 9, 31, 54, 56f., 64, 103, 105
Eidersperrwerk 54, **64**, 65, 81
Elisabeth-Sophien-Koog 52
Emmelsbüll 96
Evershop-Siel 98
Fahretoft 104
Finkhaushallig 98
Föhr *11*, 30, 33, **34**, *35*, 111, 126
Friedrichskoog 23, 67, **73f.**, 90f., 104, 109

Friedrichstadt **56f.**, 103
Garding **57f.**, 62, 111
Gotteskoog 95f.
Gröde 88
Halligen (allg.) 111
Hamburger Hallig 86, **92f.**
Hattstedt 33
Hattstedter Marsch 50f.
Hauke-Haien-Koog *6/7*
Heide 14, 23, 67, **75ff.**, 78, 105, 110f., 113
Hennstedt 104
Hemmingstedt 67, **77**
Hockensbüll 52
Hooge 51, 88
Hülltoft Tief 98
Husum 13f., 22f., *28/29*, **42ff.**, 53, 91, 98f., 101, 107f., 110f., 113
Kaiser-Wilhelm-Koog 21, 74
Karlum-Au 103
Katinger Watt 64, 90, **93**
Katingsiel 90, 93
Klanxbüll 37, 39, 89
Krumstedt 78
Kuden 70
Kudensee 70
Ladelund (KZ-Gedenkstätte) 37
Land & Leute Erlebnispark 109
Langeneß *82/83*, 88
Leck 13, 41, 100
Lecker Au 103
Lüttmoor 52
Lunden 77
Marne 15, **70**
Meldorf 14, 23, 67, **78ff.**, 103ff., 108f.
Miele 103
Mildstedt 13
Møgeltønder 37f.
Multimar Wattforum (Tönning) **63**, 108
Nationalpark Wattenmeer 10, **88f.**
Neukirchen 38f., 96f.
Niebüll **35ff.**, 94f., 97f., 104, 106f., 110

Nolde-Museum (Seebüll) **38f.**, *94/95*, 96f.
Nord-Ostsee-Kanal 10, **69**, 81, 105
Nordseemuseum (Husum) **45**, 108
Nordstrand 10, 13f., **51f.**, 92f., 98, 104, 112
Nordstrandischmoor 10, 49, **52**, 88
Oesterwurth 108
Oland 88
Ostenau 103
Osterhever 99
Pellworm 10, 14, 51, 98, 112
Reußenköge 101
Risum-Lindholm 13, 36
Robbarium 108
Rosenkranz 96
Roter Haubarg 14, **64f.**, *65*, 98
Rudbøl 97
Ruttebüller See 97, 104
Schackenborg (Schloss) 37
Schifffahrtsmuseum Nordfriesland (Husum) 46, *106/107*
Schloss vor Husum 46, *47*
Schlüttsiel 93, 112
Schobüll **52f.**, 105
Schwabstedt 13
Schwesing 50, 104
Seebüll **38f.**, 97
Seehundbänke 51, *65*, *89*
Seehundstation Friedrichskoog 67, **73**, 74, 109
Seeth 57
Simonsberg 14, 48f., 98
Simonsberg-Koog 98
Sönke-Nissen-Koog 101
Soholmer Au 103
Sorge 103
St. Michaelisdonn 104
St. Peter-Ording 14f., **58ff.**, 64, 80, 99f., 104f., 108, 110, 113
Stadum 39, 41, 104
Sterdebüll 51
Strucklahnungshörn 51, 93

> www.marcopolo.de/nordseekueste-sh

IMPRESSUM

Sturmflutwelt Blanker Hans (Büsum) 67, **72**
Süderau 103
Süderlügum 39f., 105
Südfall 49, 52, **93**
Südwesthörn 39
Sylt 15, 30, *30/31*, 35, *38*, **39**, 126
Tating 62
Tetenbüll 58
Tønder 23, **40f.**, *41*
Tönning 54f., **62ff.**, 90, 93, 108
Tondern 23, **40f.**, *41*
Treene 56f., 64, 103
Trischen 88
Tümlauer Koog 105, *114/115*
Uelvesbüll 13, 98
Vollerwiek 58
Warwerort 104
Wesselburen **77f.**, 109
Westerhever (Leuchtturm) *54/55*, **62**, 86, 99
Westküstenpark (St. Peter-Ording) 108
Wiedingharde 20, 89
Windenergiepark Westküste 74, *75*
Witzwort 12, 14, 64, 98
Wolmersdorfer Tonkuhle 103

> SCHREIBEN SIE UNS!

Liebe Leserin, lieber Leser,

wir setzen alles daran, Ihnen möglichst aktuelle Informationen mit auf die Reise zu geben. Dennoch schleichen sich manchmal Fehler ein – trotz gründlicher Recherche unserer Autoren/innen. Sie haben sicherlich Verständnis, dass der Verlag dafür keine Haftung übernehmen kann.

Wir freuen uns aber, wenn Sie uns schreiben.

Senden Sie Ihre Post an die MARCO POLO Redaktion, MAIRDUMONT, Postfach 31 51, 73751 Ostfildern,
info@marcopolo.de

IMPRESSUM

Titelbild: Leuchtturm Kampen/Sylt (Huber: Bäck)
Fotos: Amsinck-Haus: Margit Becker (101 o.l.); Balltick Sportmarketingagentur (15 u.); A. Bormann (126); der club...: Marc Hielscher (101 u.r.); J.A. Fischer (26); © fotolia.com: Forster Forest (14 u.), Dmitry Pistrov (101 M.r.), spot-shot (100 M.l.), Xenia1972 (100 M.r.); G. Franz (U. M., 19, 20, 73, 84, 87, 105); Rolf Häbel (12 o.); HB Verlag: (22), Kluyver (3 l., 4 r., 5, 27, 47, 56, 65, 68, 79, 91, 97), Raach (28, 35, 54/55, 81, 89); O. Heinze (U. r., 3 M., 3 r., 6/7, 8/9, 22/23, 23, 28/29, 42/43, 44, 49, 51, 61, 62/63, 66/67, 71, 75, 76, 94/95, 109, 114/115); Hotel Vier Jahreszeiten (14 M.); Huber: Bäck (1), Gräfenhain (11, 16/17); © iStockphoto.com: Liza McCorkle (100 u.r.), Joanna Pecha (101 M.l.); S. Kuttig (4 l., 29, 30/31, 32, 38, 82/83, 92, 99, 102/103, 106/107); Mauritius: Hänel (U. l., 53), Photononstop (24/25); Naturschutzgesellschaft Schutzstation Wattenmeer e.V.: Magdalena Zimmermann (13 o.); M. Pasdzior (2 l., 41, 59); G. Quedens (2 r.); Roter Haubarg Reck GbR (15 o.); Stadtcafe Kremer: Oliver Franke-Stampe GmbH (15 o.); The Loonatics: Roger Hemstedt/mobbys-pics.de (13 u.); Wattolümpiade e.V. (12 u.), wmb-werbung.de/SFG Leck: Michael Brodersen (100 o.l.); www.dercharlottenhof.de (37)

4. (8.), aktualisierte Auflage 2009
© MAIRDUMONT GmbH & Co. KG, Ostfildern
Chefredaktion: Michaela Lienemann, Marion Zorn
Autor: Andreas Bormann; Redaktion: Arnd M. Schuppius
Programmbetreuung: Jens Bey, Silwen Randebrock; Bildredaktion: Barbara Schmid, Gabriele Forst
Szene/24h: wunder media, München
Kartografie Reiseatlas: © MAIRDUMONT, Ostfildern
Innengestaltung: Zum goldenen Hirschen, Hamburg; Titel/S. 1–3: Factor Product, München
Sprachführer: in Zusammenarbeit mit Ernst Klett Sprachen GmbH, Stuttgart, Redaktion PONS Wörterbücher
Das Werk einschließlich aller seiner Teile ist urheberrechtlich geschützt. Jede urheberrechtsrelevante Verwertung ist ohne Zustimmung des Verlages unzulässig und strafbar. Das gilt insbesondere für Vervielfältigungen, Übersetzungen, Nachahmungen, Mikroverfilmungen und die Einspeicherung und Verarbeitung in elektronischen Systemen.
Printed in Germany. Gedruckt auf 100% chlorfrei gebleichtem Papier

> UNSER AUTOR
MARCO POLO Insider Andreas Bormann im Interview

Es begann bei der Oma seiner ersten Liebe. Seitdem ist für den Autor und Journalisten Andreas Bormann die Nordseeküste sein Zuhause.

Wie begann Ihre Liebe zur Küste?

Mit der ersten Liebe. Ich war 17, ihre Großmutter lebte in einem Häuschen auf Eiderstedt. Wir entdeckten einander, die Landschaft, die Weite, den Strand. Unter hohem Himmel lässt es sich bekanntlich wunderbar träumen: Ein eigenes Haus nahe der Küste – das wäre es! Nun, die Liebe ist Geschichte, doch der Traum ging Jahre später in Erfüllung, wenn auch weiter im Norden, nahe der dänischen Grenze.

Wie geht es Ihnen dort?

Komme ich aus der Stadt, stelle das Auto ab und öffne die Wagentür, geschieht immer ein kleines Wunder: Irgendwelche Kräfte entschleunigen mich. Ist es die Weite, der Himmel, der Wind oder die Nähe des Wassers? Ich weiß es nicht. Es geschieht einfach. Zugegeben, die Wintermonate setzen ein buntes Innenleben voraus; wem das Novembergrau aufs Gemüt schlägt, der wird es hier nicht lange aushalten.

Was tun Sie in Ihrer Freizeit?

Die verbringe ich rund ums Haus. Zu tun gibt es immer etwas. Und wenn ich das nicht mag, dann sitze ich auf der Bank vor dem Haus, in der Hand ein Glas, ein Buch oder nichts, schaue über den Koog und genieße die Stille.

Was mögen Sie an der Küste nicht so?

Gewerbegebiete und Discountmärkte. Sie sind der Tod für Dörfer und Orte. Früher, was noch gar nicht so lange her ist, gab es den Bäckerladen, ging man zur Post, wurden die Äpfel vom Gemüsemann abgewogen, und der Schlachter suchte ein gutes Stück aus. Und heute? „TaPoLo" bringt das Übel auf den Punkt – diese Wortschöpfung steht für die Tabak-Post-Lotto-Ecke im Supermarkt neben dem „Shop-im-Shop-Bäcker". Einziger Lichtblick für meinen Wochenendeinkauf ist der Wochenmarkt.

Mögen Sie die Küstenküche?

Wenn damit Fisch gemeint ist – auch. Lieber jedoch Lamm. Egal ob Keule, Rücken oder Nacken; mit Kräutern und Knoblauch, Bohnen und Röstkartoffeln – köstlich. Dazu bitte kein Bier, sondern guten Rotwein. Meine süße Sünde heißt Gänsebrust: eine Kalorienbombe aus Sahne und Pflaumenmus auf Blätterteig, dick überzogen mit Marzipan.

Wollen Sie an der Nordseeküste bleiben?

Stehe ich auf dem Deich und schaue rüber nach Föhr und Sylt, gibt es einen Traum: auf einer Insel leben. Doch meine Trauminsel liegt nicht in der Nordsee: Die Ostseeinsel Bornholm wäre eine echte Konkurrenz zur Nordseeküste. Abwarten.

10 € GUTSCHEIN
für Ihr persönliches Fotobuch*!

Gilt aus rechtlichen Gründen nur bei Kauf des Reiseführers in Deutschland und der Schweiz

SO GEHT'S: Einfach auf www.marcopolo.de/fotoservice/gutschein gehen, Wunsch-Fotobuch mit den eigenen Bildern gestalten, Bestellung abschicken und dabei Ihren Gutschein mit persönlichem Code einlösen.

Ihr persönlicher Gutschein-Code: `mpmkm5s9hr`

Erlebe Deine Bilder!

Zum Beispiel das MARCO POLO FUN A5 Fotobuch für 7,49 €.

* Dies ist ein spezielles Angebot der fotokasten GmbH. Der Gutschein ist einmal pro Haushalt/Person einlösbar. Dieser Gutschein gilt nicht in Verbindung mit weiteren Gutscheinaktionen. Eine Barauszahlung ist nicht möglich. Gültig bis 31.12.2013. Der Gutschein kann auf www.marcopolo.de/fotoservice/gutschein auf alle Fotobuch-Angebote und Versandkosten (Deutschland 4,95 €, Schweiz 9,95 €) der fotokasten GmbH angerechnet werden. powered by fotokasten

www.marcopolo.de/fotoservice/gutschein

> BLOSS NICHT!

Damit Sie an der Küste keinen Krach kriegen ...

Platt sprechen

Wenn Sie es nicht beherrschen, es nur von der Volksbühne oder aus der Bierwerbung kennen, versuchen Sie es gar nicht erst. Eine Ausnahme ist der Gruß *Moin*, bei dem Sie wenig falsch machen können. Alle anderen Versuche, Platt zu sprechen, werden von den Einheimischen eher als „platte" Anbiederung belächelt. Verstehen Sie etwas nicht, fragen Sie: Die Küstenbewohner sind stolz auf ihre Sprache und erklären Ihnen gern die Bedeutung der seit Generationen gesprochenen Wörter.

Umrühren

Die Sahnehaube gehört dazu. Sie ziert nicht nur den Pharisäer und die Tote Tante, sie hält auch die Wärme des köstlichen Getränks. Grob fahrlässig wäre es, mit dem Löffel in diese Haube zu stechen, zu rühren, bis sie sich aufgelöst hat. Nein – trinken Sie mit Haube! Die kühle Sahne an der Oberlippe, auf der Zunge den heißen Kaffee oder die Schokolade inklusive der Prozente, das ist der Genuss. Für den befürchteten Sahnebart gibt es die Serviette!

Die Heimatflagge hissen

In zahlreichen Dörfern an der Küste gibt es eine Berliner oder eine Hamburger Straße. Von den Einheimischen benannt nach den Menschen aus der Stadt, die hier einst zum Spottpreis alte, baufällige Reetdachhäuser kauften und die dann, um zu zeigen, woher sie kommen, die Flagge ihres Bundeslandes im Wind wehen lassen. Ähnliche landsmannschaftliche Bekenntnisse flattern gelegentlich in Form von Wimpeln an Strandkörben. Freunde machen Sie sich damit nicht!

Rasen

Sie verführen zum Tritt aufs Gaspedal, die schnurgeraden, glatt asphaltierten Wege durch die Köge. So gibt es während der Saison und an den Wochenenden hier und da einen Kennzeichenkrieg: NF und HEI gegen den Rest der Welt oder umgekehrt, je nachdem, wer sich hinter dem Steuer im Recht glaubt. Dem Rest der Welt sei gesagt, auch in Dörfern und auf einsamen Strecken wird geblitzt. Und es gibt die Rache der Fahrer mit den heimischen Kennzeichen. Sie lassen den Raser und Drängler schmoren, fahren schön langsam und zwar mittig auf der schmalen Straße.

Schwarzsitzen im Strandkorb

Sie fragen sich: Warum soll ich zahlen? Die Schlange an der Bude des Vermieters ist lang. Sie wollen doch nur ein paar Minuten verschnaufen. Außerdem sind viele Körbe leer, und es merkt doch keiner. Sie wagen es, drehen den Korb aus dem Wind in die Sonne und genießen. Sie können sicher sein: In der Saison werden Sie ertappt. Entweder kassiert der Mann mit der weißen Mütze. Oder der ehrliche Gast, der gezahlt hat, steht auf einmal vor Ihnen ...